おしゃれ嫌い／目次

JN231240

DTP　美創

第一章 なぜ、ユニクロが「国民服」になったのか？

「国民服」への道

まずは、ユニクロが現在の地位を築き上げるまでの軌跡をたどってみよう。それは1984年に広島市中区に誕生した、カジュアル衣料品店「ユニーク・クロージング・ウェアハウス」が世界の「ユニクロ」になるまでの物語である。

ユニクロが産声を上げた1984年と言えば、世間はDC（デザイナーズ&キャラクター）ブランドブームに沸いていた時代である。少数精鋭で個性的であることを特徴としたブランドは、若者を中心に大人気となり、年に2回のバーゲンの時期には、開店前からファッションビルやデパートに列を成す若者の姿が風物詩となった。

80年代はファッションの時代だった。コム デ ギャルソンやヨウジヤマモトといった東京発のファッションが「東からの衝撃」としてパリコレでも話題になっていた。アヴァンギャルドで奇を衒《てら》った服であればあるほど、個性的な服として重宝された。人と違う服を着ることは人と違う私を表現すること――ファッションによる差異化、ファッションによる「私探しゲーム」に人々が興じていた時代だったからである。

何よりDCブランドが全盛だった前半は、お洒落することに生きがいを感じることのできる雰囲気があった。たった半年で消える最先端のデザインを誰より早く着て街を歩く。そういうファッションフリークがたくさんいたのだ。

谷川直子「【ファッション】あらゆるアイテムが出尽くした至福の時代」
〈斎藤美奈子・成田龍一編著『1980年代』〈河出ブックス〉所収〉

どのブランドのどんなアイテムを着るかはもちろん、どこでその「特別」な服を手に入れるかまでもが重要視された。

「渋谷の『パルコ』で『ニコル』のブルゾンを買う。」それが私の大学時代のトレンドだった。「ニコル」は「BIGI」や「コムサ・デ・モード」などに置き換え可能だが、まだ「プランタン銀座」も「ラフォーレ原宿」も出現前だったから購入場所は「パルコ」でなければならなかった。

「人は見かけが百パーセント」（入江敦彦による解説／中野香織『モードの方程式』新潮文庫）

ECサイトが浸透し、純粋なファッションビルなど成り立たなくなった今では考えられないかもしれないが、当時は、特別な服を特別な場所で買うことが「自己表現」だと信じられていた。何しろ「お洒落は生きがい」であり、服を買うことに多大な時間やコストやエネルギーが注がれていたのである。

だが、このDCブランドブームは意外にも短命だった。80年代も後半になると、「過剰なレトリック」と「前衛的なスタイル」（アクロス編集室編『ストリートファッション1945-1995』PARCO出版）からなるDCブランドに人々は疲弊し始めた。一時代を築いたDCブランドは86年にピークを迎えた後、平成を待たずにその役割を終えてしまう。コピーブランドやコピー商品が次々と登場し、既製服のほとんどがDCブランド風になってしまったことにより、個性的であるというその生命線を絶たれたのである。もちろん、DCブランドを追いかけることに疲れ切った人々がごく普通の服を求めるようになったということも指摘しておかねばならない。

では、DCブランドは何に取って代わられたのか。

八〇年代後半DCブランドに対する批判はボディコンと渋カジというふたつの方向からなされた。DCのルーズフィットやレトリカルな表現より、ボディコンはセクシーさを、渋カジはベーシックで上品なカジュアルを擁護したのである。

(アクロス編集室、前掲書)

若者たちは、アズディン・アライアに端を発するボディ・コンシャスな服と、アニエスベーやラルフ・ローレンのような普通の服を求めるようになったのだ。この「転向」は何を意味しているのだろうか。それは、服よりも身体を見せることが重要であり、もはや服に過剰なレトリックや個性はいらないということではなかろうか。むしろ、着る物よりも着る者が重視されるようになったのであり、何を着るかよりも、誰が着るか、どんな私が着るかが人々の関心事になったのであった。

DCブランドが失速した80年代後半には、女性だけでなく男性もまた見られる存在となった。人気俳優やタレントの顔はあっさりした和風のしょうゆ顔、濃いめの洋風ソース顔に分類され、男性ファッション誌『MEN'S NON-NO（メンズノンノ）』ではボーイフレンド大賞も読者によって選出されるようになった。饒舌《じょうぜつ》な服よりも饒舌な身体。男女問わず、ますます見られる身体というものが意識されるようになったのだ。「私、脱いでもすごいんです」（エステティックＴＢＣ）の時代がやってきたのである。

カジュアル衣料品店「ユニーク・クロージング・ウェアハウス」が「ユニクロ」に名を改めたのが、１９８８年のことである。ＤＣブランドブームがちょうど終わりを告げ、着る物よりも着る者が重視されつつある頃だった。人々の目はベーシックな普通の服に向き始めていた。この波に乗ったユニクロは、店舗数を次々と増やし、１００店舗を超えた１９９４年には広島証券取引所に株式上場を果たすまでに成長する。

言うまでもなく、これはユニクロの序章にすぎなかった。90年代の後半になると、破竹の勢いで日本中を席巻し、一人一着という具合にフリースを「国民服」のように定着させるに至った。おじいちゃんから孫まで誰でも着られるユニクロ。暖かくて、軽くて、コストパフォーマンスにも優れているユニクロ。カラーバリエーションもアイテムも充実しているユニクロ。どこでも買えるユニクロ。かつてこんな服が存在しただろうか。

ファッションの魔法を解いたユニクロ

もちろん、そんな服は今までになかった。だからこそ、ユニクロは「国民服」になりえたのだ。誰よりもユニクロ自身がそのことに自覚的である。

ユニクロの服は「カジュアル」です。「カジュアル」は年齢も性別も選びません。国籍や職業や学歴など、人間を区別してきたあらゆるものを超える、みんなの服です。活動的に、快適に生きようとするすべての人に必要な服です。服はシンプルな方がいい。私たちが作る服は、着る人自身のスタイルが見えてくる服であってほしいと思います。

（ユニクロ２０００年秋・カタログ）

いかがだろうか。素晴らしすぎて文句のつけようがないのではないか。この崇高な理念に基づくマニフェストが書かれたのは、２０００年秋のことだった。ＤＣブランド全盛期、それに続くインポートブランドブームに沸いたバブルの時代を経て、着ることにすっかり疲れ果てた人々の前に、ユニクロはまるで救世主のように現れたのだ。

ユニクロのフリース。それはまるで、80年代以降の服にかけられた魔法を解く呪文のようなものだ。

「人間を区別してきたあらゆるものを超える、みんなの服」

「服はシンプルな方がいい」

もう無理をして個性的な服を着る必要はない。差異化のために大枚をはたく必要はない。着ることに思い煩うな。現実を見よ。そこにユニクロ（リアル）のフリース（クローズ）があるではないか。

馬車をカボチャに戻すように、ドレスを日常着に戻すように、個性的で過剰な服をリアルクローズに戻したこと、それがユニクロの功績である。ファッションビルという特別な舞台ではなく、駅やコンビニで買えるペットボトル飲料のように売られてこそ、リアルな服なのである。「活動的に、快適に生きようとするすべての人に必要な服」は、肉や魚、おにぎりや栄養ドリンクや生理用品と同じように売られなければならない。そう、新聞の折り込みチラシで、スーパーやドラッグストアに交じって宣伝されてこそ、「みんなの服」と言えるのである。

一億総ユニクロ化。ユニクロの戦略は成功し、人々はみなユニクロを着るようになった。哲学者の鷲田清一も、当時のユニクロを高く評価している。

そしていま、デザイン・製造・販売をすべて自社でおこなうユニクロのような会社ができて、ああ、基本的なアイテムならこんなに安く作れるんだとみんなが驚いています。服も店内の装備もよけいなものはぜんぶ削ぎ落として、色も形も現代のベーシックに徹して、ほとんど生成に近い感覚で、そしてそれをほかのお気に入りの服と合わせるといった着方ができるようになっています。おしゃれなひとなら前からしていたことですが。ぼくが気に入った雨傘は、なんと六九〇円でした。男女・年齢・趣味を問わないというところが、なんかさわやかな気がします。個人主義のベースという感じすらします。これが消費者がかしこくなる一歩だったらいいのに、とおもいます。

（鷲田清一『てつがくを着て、まちを歩こう』同朋舎）

だが、鷲田が望んだような状態になるには、それから10年以上は待たねばならなかった。当時の消費者はまだそれほど「おしゃれ」でもなく、「かしこく」もなかった。人々がユニクロを着るようになったのは、ユニクロの崇高な理念に賛同したからというよりも、「たかが服じゃないか」ということに気づいたからである。「うまい、やすい、はやい」牛丼の吉野家があるように、「うまい、やすい、はやい」服がある。それがユニクロだ。

おしゃれじゃなくちゃいけないという世間の常識にすっかり疲れてしまった人、あるいはもともとついていけない人たちが、ユニクロに飛びついたのはまったく頷ける成り行きだったのかもしれないってこと。お金も頭も使いたくない。たかが服じゃないか。ユニクロでいいじゃない。安いしさ。アイテムが少ないからコーディネートに迷うこともないし、とりあえずサマになってるし。とにかく上から下まで揃えられる。そんな気持ちかな。

(高橋直子『お洋服のちから』朝日新聞社)

「ユニクロでいいじゃない」と人々は口にし始めた。服は所詮そんなものなのだ。今までの服が魔法にかけられていただけなのだ。私たちは「服は特別」だと思わされていたのだ。しかし、バブルもはじけて、みんなすっかり目が覚めた。たかが服なのだ。魔法を解かれた服は、本や雑誌、パソコンやエアコンと同じように売られ、買われていくようになった。

家電量販店のビックカメラとユニクロの共同店舗である「ビックロ」が新宿東口に開店したのは2012年のことであるが、今では誰も家電と服が同じフロアで売られることに疑問を抱かなくなった。「素晴らしいゴチャゴチャ感」というコンセプトのもとに、ビックカメラとユニクロの一体感を強調した店づくりによって、東京の新名所と言われるまでになっている。

服だけが特別な空間で、ハウスマヌカンという名の店員によって恭《うやうや》しく売られていた時代は遠い過去になった。

主張がないから「部品」になれる

いつでも、どこでも、誰でも買える、「みんなの服」。そんなユニクロの服の特質を明確に表しているのが、ファーストリテイリング代表取締役会長兼社長である柳井正の名言「服は服装の部品」であろう。この文言は2011年にユニクロイノベーションプロジェクトを立ち上げ、ユニクロの服とは何かを改めて問うた際にも、真っ先に挙げられている。つまり、「服は服装の部品」とはユニクロの最も重要なコンセプトであると言える。

では、その根幹を成す文言に注目してみよう。「ユニクロの服とは、服装における完成された部品である」とは何を意味しているのだろうか。そもそも部品とは何か。部品とは全体の一部、パーツであって、一つだけでは服装になりえないものである。部品をいくつも組み合わせることで、全体ができあがっていく。したがって、必然的にユニクロの服は一枚で様になるワンピースや揃いのスーツよりも、セーター、シャツ、パンツというような単品のアイテムが中心となる。また、部品であるからには、一つ一つが個性を主張しては、全体が不協和音を奏でることになるが、その点、ユニクロの服は、それぞれの部品同士を組み合わせることが前提となっているために、コーディネートしやすく、表だった主張のないアイテムが揃っている。限りなくベーシックなデザインが部品の名に相応しい。

そして、部品であるからこそ、ユニクロの服は、絵の具や色鉛筆のセットのように、圧倒的なカラーバリエーションを誇っている。何色も展開することで、部品は部品としての役割を全うするのだ。赤い絵の具が欲しい客に、今季は青しかありませんとは決して言わないのがユニクロの凄さなのだ。トータルな服装を描くためには、いつでも必要な部品を店にスタンバイさせておかなければならない。

だが、ベーシックなデザインとカラーバリエーションだけでは、ユニクロをここまで「完成された部品」に高めることはできないであろう。それだけならば、他のブランドでもすぐに追いつくことができるはずだ。ユニクロの服を「完成された部品」たらしめているものは、言うまでもなく機能性である。

大ヒットしたフリースはその暖かさゆえに、老若男女を魅了したが、厚みのあるアウターがメインであり、部品というには存在感がありすぎた。だが、２００３年に発表されたヒートテックは違った。これぞユニクロの真骨頂、ユニクロを「完成された部品」にするために最適な素材であった。

ヒートテックは世界的な繊維メーカー東レとの共同開発による新素材である。鳴り物入りで登場したヒートテックには次の4つの機能があるという。

すなわち、

①発汗機能
②保温機能
③においを抑える抗菌効果
④着心地をよくするストレッチ効果

である。

ご存知の通り、ヒートテックは毎年改良に改良を重ね、現在では「そのインナーは、あなたの身体で熱を生む」段階に達しているという。レディースインナーとしては、「薄くて暖かい。着ぶくれすることなく着こなせる」通常のヒートテック、「冷え込む日に、〝裏起毛〟で通常の約1・5倍暖かい」極暖ヒートテック、「極寒の日に通常の約

2・25倍、全種でもっとも暖かい」超極暖ヒートテックと3段階のヒートテックがある。まさに、ヒートテックさえあればどんな寒さにも対応できるというわけだ。さらに、当初からの機能性もますます進化し、「生地が自ら発熱するから薄いのに暖かい」「熱を逃がさない特殊繊維で、暖かさ続く」「繊維が呼吸し衣類内がムレにくい」(https://www.uniqlo.com/jp/store/feature/uq/heattech/women/) といいことずくめである。

もちろん、極寒対策だけではない。夏の暑さ、酷暑対策としては2009年の夏にサラファインが発売された。

ユニクロは、暑い季節をきれいに快適に過ごすための女性用インナーウエア「サラファインインナー」を開発、販売いたします。
「サラファイン」は、呼吸する繊維〝キュプラ〟に、東レの特殊ナイロンを複合(ハイブリッド)したハイテク素材です。
シルクのような美しい光沢と柔らかさを持つ素材に、体の動きについてくるストレッチ性をプラス。さらに身体から出る熱を逃がす機能で、ひんやりとした肌ざわりを実現しました。部屋干ししても臭わない抗菌防臭機能も兼ね備えた、美しい素材感と快適に過ごすための機能性を合わせ持ったインナーウエアです。デザインは、キャミソールとTシャツの2種類。カジュアルにも、オフィス用のインナーウエアとしても活躍すること間違いなしです。

（ユニクロ「プレスリリース」https://www.uniqlo.com/jp/corp/pressrelease/2009/03/031912_innerwear.html）

これらの新素材は、直接肌に触れる肌着などのインナーとして使われることが多いが、ヒートテックやサラファインのように薄い素材のインナーはアウターの邪魔をせず黒子に徹することで、極めて優秀な、まさに「完成された部品」としての地位を不動のものにしたのだ。

しかしながら、ベーシックなデザイン、カラーバリエーション、他の追随を許さない機能性によって、「完成された部品」に徹しすぎたために起こってきた問題が、ファッション性の欠如であった。要するに、便利で快適で申し分ない服かもしれないが、デザイン的にこれといって特徴のない普通の服になりすぎてしまったのである。

そこで、ユニクロが採った戦略が、世界的に有名なデザイナーとのコラボレーションであった。2006年の秋冬から、ユニクロは「デザイナーズ・インビテーション・プロジェクト」を立ち上げ、クリスチャン・ディオールでニットデザイナーとして活躍したアダム・ジョーンズとコラボレーションを行うなど、積極的にモードと手を組み始めたのである。2009年にはジル・サンダーとのコラボレーションブランドである「+J(プラスジェイ)」をスタートさせた。この戦略は功を奏し、近年ではクリストフ・ルメールの「Uniqlo U(ユニクロ ユー)」やイネス・ド・ラ・フレサンジュが手掛ける「Uniqlo/INES DE LA FRESSANGE(ユニクロ×イネス・ド・ラ・フレサンジュ)」などが人気を博している。

このように、ユニクロはさまざまな人気デザイナーとのコラボレーションを継続的に行うことで、ファッション性にも配慮するようになった。今までのプロジェクトを見る限り、成功しているのは、いずれもシンプルなデザインを特徴とするデザイナーとのコラボレーションである。「完成された部品」というユニクロの使命と融合しやすい作風のデザイナーであることが求められるのであろう。もちろん、他のユニクロ製品と比較するとコラボ製品は高価格であるが、本家ブランドに比べればかなりリーズナブルなこともあり、すぐに完売するものも少なくない。「完成された部品」でありながら、部品では終わらない。それは、「国民服」から次の段階へと進もうとするユニクロを表していたのだろう。

一億人のためのファッション

デザイナーズ・インビテーション・プロジェクトにより、ファッション性の欠如を補う一方で、2011年にユニクロはもう一つの大々的な戦略である「ユニクロイノベーションプロジェクト」を立ち上げた。有名デザイナーに頼るだけでなく、ユニクロ自身が「国民服」の域を超えて、世界的なブランドにならねばならない。そのために掲げられたのが、このプロジェクトであった。

「ユニクロの服とは何か」――ユニクロイノベーションプロジェクト（以下、UIP）はまず原点に立ち返り、問いかけることから始まる。その「問い」に対する答えが次の6つである。

ユニクロの服とは、服装における完成された部品である。
ユニクロの服とは、人それぞれにとってのライフスタイルをつくるための道具である。
ユニクロの服とは、つくり手ではなく着る人の価値観からつくられた服である。
ユニクロの服とは、服そのものに進化をもたらす未来の服である。
ユニクロの服とは、美意識のある超・合理性でできた服である。
ユニクロの服とは、世界中のあらゆる人のための服、という意味で究極の服である。

（『考える人』２０１１年秋号　新潮社）

このように、「ユニクロの服とは」で始まる文言において、「完成された部品である」ことは最も重要な変わることのない基本コンセプトであるが、それに加えて、「ライフスタイルをつくるための道具」「着る人の価値観からつくられた服」「進化をもたらす未来の服」「美意識のある超・合理性でできた服」「究極の服」など刺激的、かつ挑戦的な言葉が並んでいる。

「人間を区別してきたあらゆるものを超える、みんなの服」という2000年のマニフェストからいっそう進化し、より深く、より強く、世界を見据えて攻めの姿勢に転じたユニクロの姿を見て取ることができるだろう。

ここでは、ユニクロの服は人々の「服装の部品」であることをはるかに超えて、ライフスタイルや価値観をつくるものになっているのだ。もはや、流行やおしゃれの入る余地はないほど崇高な理念をユニクロの服は目指しているのである。

2011年の9月に発表されたUIP最初のコレクションでは、デザイン・ディレクターに滝沢直己、クリエイティブ・ディレクターに佐藤可士和、ファッション・ディレクターにニコラ・フォルミケッティをそれぞれ起用した。さらに東レをはじめとするパートナー企業を迎え入れたプロジェクトチームが、「画期的な機能性と普遍的なデザイン性を併せ持った究極の普段着」を開発していくことになった。それは、先進的な素材や高い技術を活かした高機能なプロダクトに、世界中の誰もが着られる「普遍的なデザイン」を融合させるという、新しい服づくりへの挑戦であった。

自分で言うのも面映いのですが、これは革命的な定義だと自負しています。これまでの服の概念を変え、服の可能性を広げるものだからです。つまりＵＩＰとは、単に商品を作るというよりは、この定義に沿って商品を生み出すプロセス、あるいは商品開発の体制自体を思い切って変えていこうという決意表明です。言い換えれば、われわれが世界に打って出る上での立ち位置をはっきりさせた上で、われわれが今後作っていく〝未来の服〟は、すべてこの方向性にのっとっていくというブランド・メッセージです。

（『考える人』２０１１年秋号　新潮社）

こうして、「画期的な機能性」と世界中の誰もが着られる「普遍的なデザイン性」からなる、一億人のためのファッションが生み出されることとなったのである。

ユニクロ被りの恐怖から「ユニクロでよくない？」へ

この柳井正の「決意表明」がようやく届いたのだろうか。革命的なＵＩＰが始まってから4年後の2015年には、ファッション誌も「ユニクロでよくない?」と言い始めたのである。

それまでのユニクロはポピュラーな「みんなの服」ではあったが、決してファッション誌で特集される服ではなかった。新聞の折り込みチラシ、あるいは大々的なテレビCMによって、「ユニクロを買おう」と喚起されることはあっても、ファッション誌によって「ユニクロを買わねば」と思わされることはなかったのである。なぜならユニクロはどちらかと言えば着ていることを知られたくない服であったからだ。誰もが着ているユニクロを自分も着ているのは恥ずかしい。「ユニバレ」という言葉には、そんな消費者の複雑な心理が表れている。だからこそ、ひと手間加えて「デコクロ」し、「ユニ被り」しないように苦心したのだ。

ところが、「ユニバレ」「ユニ被り」と否定的に語られることの多かったユニクロが、一転してファッション誌の主役に躍り出る時代がやってきた。代表的なのが、『andGIRL(アンドガール)』2015年11月号の特集「ユニクロでよくない?」であろう。『アンドガール』は2012年に創刊されたアラサー向けファッション誌である。「アラサーになっても、仕事ができても、結婚しても、『ガール』な大人たちへ！」をキャッチフレーズに「大人女子」ファッションを提唱している。その『アンドガール』創刊3周年記念号で28頁にわたってユニクロと姉妹ブランドのGUが大特集されたのであった。

「ユニクロでよくない?」
『アンドガール』2015年11月号

「ユニクロ」「GU」の人気はますます過熱中。この秋冬も使い勝手&コスパ最適なアイテムが続々リリース。そこで、アラサーにおすすめの鉄板コーデから着回し、SNAPまで、賢くオシャレな取り入れ方を大特集！　もう、ユニクロ&GUでよくない？

（『アンドガール』2015年11月号　エムオン・エンタテインメント）

数年前までは「ユニバレ」が嫌だったはずなのに、いきなり「ユニクロでよくない？」とはいったいたい何が起こったのだろうか。なぜ、積極的に「ユニジョ（ユニクロ女子）」を名乗るようになったのだろうか。もちろん、『ＪＪ（ジェイ・ジェイ）』『non-no（ノンノ）』『with（ウィズ）』『VERY（ヴェリィ）』など他誌でもこの頃からユニクロをクローズアップするようになり、２０１６年に入ると、すっかり20〜30代向け女性ファッション誌の定番ブランドとしての地位を不動のものにする。

とはいえ、見出しは「ユニクロでよくない？」である。どこか投げやりな態度さえ感じられる。一般に、ファッション誌の見出しは、もっと強気で断定的だ。「アラサーが買うべき流行ＢＥＳＴ22」「私たちやっぱりヒールで生きていく！」「今こそ、Ｊマダムは『艶ジュエリー』」たいした根拠がなくても、ちょっとばかり意味不明でも、今季の流行を強気で断定するのがファッション誌というものだ。ところが、「ユニクロでよくない？」は疑問形である。しかも「もう、ユニクロでよくない？」と「もう」までついている。ファッション誌の見出しとしてはかなり異色と言っていいだろう。

ところで、ユニクロの何が「もう、よくない?」なのだろうか。実は、「もう、ユニクロでよくない?」には3つの「よくない?」が含まれている。

一つ目は、現在のファッションの流行に合致していて「よくない?」である。シンプルでベーシックなアイテムをデザインの基本とするユニクロは、今の流行にちょうど相応しい。

二つ目は、最近のユニクロ、前より「よくない?」である。ユニクロは機能面、デザイン面において、常にレベルアップを目指し、イノベーションを続けている。昨年よりも、今年のヒートテックやエアリズムがより進化したものになっているのは当然であり、著名デザイナーとのコラボのおかげで、デザインへの配慮も目に見えてわかるようになってきた。そういう意味で、最近のユニクロはかつてのユニクロとは似て非なるものなのである。

三つ目は、「もう、ユニクロでよくない?」の「もう」という言葉に表れている。つまり、「もう、服なんて所詮そんなもんじゃない?」という、一種の諦観とも言うべき服への姿勢である。機能面もコスパもよく、デザインもそこそこイケてるなら、別に高い服を買わなくてもいいじゃない？　服は「もう、ユニクロでよくない？」。おしゃれは生きがいなんかじゃなくて、ほどほどでいいのだから。

このように、「ユニクロでよくない？」は「ちょうどよくない？」「前よりよくない？」「別によくない？」の3つの「よくない？」に支えられていたのである。ただこれらの「よくない？」は決して積極的な評価というわけではなかった。別に「もう、ユニクロがバレてもよくない？」とどこか消極的な選択を感じさせるものだった。

しかし、この「ユニクロでよくない？」からすでに4年近くの時が経とうとしている。

２０１８年夏にはとうとうあの『25ans（ヴァンサンカン）』にもユニクロは登場するようになった。叶姉妹も輩出した『ヴァンサンカン』という雑誌は、日本でいちばんブランド志向が強いファッション誌だと言っても過言ではない。すっかりブランドブームが過ぎ去ったかのように思える現在の日本においても、毎号のようにシャネル、エルメス、グッチ、ルイ・ヴィトン、ヴァレンティノ、ディオールといったハイブランドの新作が誌面を飾っている。その『ヴァンサンカン』２０１８年9月号で、ユニクロが紹介されたのだ。

記事の扱いとしてはそれほど大きくないものの、「今日のおしゃれに迷ったらTOKYO発・ブランドが常識！」という特集において、「目が離せない！　ユニクロのホットなコラボレーション」と題し、ユニクロ　ユーとユニクロ×イネス・ド・ラ・フレサンジュが掲載されたのである。

全世界に2000店舗以上を展開するグローバルなユニクロ。機能性とコスパの良さに加え、トレンド感のある旬デザインでファンを惹き付けてやみません。
（『ヴァンサンカン』2018年9月号　ハースト婦人画報社）

もはや「ユニバレ」は死語であろう。すでに、ユニクロは、バレてもよくないどころか、エレガントを信条とする『ヴァンサンカン』読者御用達のバラしたいブランドになりつつあるのだ。ようやく、ユニクロの長年の努力が実ったと言うべきではないか。「日本が誇るカジュアルファッションに注目」と『ヴァンサンカン』に書いてもらえる時が来たのだから。もう、ユニクロは昔のユニクロではない、今こそ、そう断言することができるのではないだろうか。
それもそのはず、数年前からユニクロはいっそう攻めの姿勢を打ち出していたのである。

「服装の部品」から生活をよくする「ライフウェア」へ

２０１６年の秋にユニクロはグローバルブランディングキャンペーンと銘打って、「私たちはなぜ服を着るのだろう」という極めて根源的な問題を問いかけるＣＭを流した。

私たちはなぜ服を着るのだろう。
正解はひとつじゃない。
生活をよくするための服をつくろうと、
私たちは問い続ける。

（ユニクロ２０１６年夏ＣＭ）

「私たちはなぜ服を着るのだろう」それはまるで哲学者の問いかけのようだ。実際、今から四半世紀近く前に鷲田清一はその問いに答えている。

ひとはなぜ服を着るのか。この問題を解くためには、だから、衣服を身体を保護するためのものとする考え方から一度離れる必要があります。衣服はしばしばひとの外見とも言われますが、身体とその上に被せられた覆いとして衣服をとらえる考え方から切れる必要があるのです。機能性という固定観念をかっこに入れて、あらためてじぶんたちの装いというものを見てみましょう。

（鷲田清一『ひとはなぜ服を着るのか』ちくま文庫）

しかしながら、2016年のユニクロは、鷲田と同じ問いかけをしながらも、「機能性という固定観念をかっこに入れて」はいない。むしろ、「正解はひとつじゃない」としながらも、「画期的な機能性」と「普遍的なデザイン性」が現時点での答えだと言わんばかりに、「ライフウェア」を提唱したのだ。

ライフウェアとは、「画期的な機能性」と「普遍的なデザイン性」を組み合わせた、「生活をよくするための服」である。人々のライフスタイルや価値観をつくり、進化をもたらす未来の服である。柳井正の言葉で言えば、「より望ましいライフスタイルがこの商品の出現で可能」になり、それは「誰にとってもいい服」となるべきものである。

こうして、「みんなのユニクロ」はついに「ライフウェア」となった。

服装の部品は、新たな価値観をつくり出す服へと進化した。すべての人に必要な究極の服が完成したのだ。もう、「ライフウェア」があれば他には何もいらない。「画期的な機能性」と「普遍的なデザイン性」こそが、今、着るべき服の正解だ。

鷲田がこの問いかけをした時代は、ユニクロが国民服として歩み始めていた頃であった。服は完全に魔法を解かれておらず、機能性よりも記号性に人々がまだ固執している時代であった。しかし、それから四半世紀近くの時を経て、服を着ることの意味はすっかり変容したのである。

私たちはなぜ服を着るのだろう。それは、ユニクロが言うところの生活をよくするため、より望ましいライフスタイルを実践するためなのではないか。私たちはなぜユニクロを着るのだろう。それは、ユニクロこそが、より望ましいライフスタイル、新たな価値観を提案する正しい服であるからではないか。だからこそ私たちは、積極的にユニクロを着るようになったのではないか。「ライフウェア」としてのユニクロを着るようになったのではないか。

「ユニクロでよくない？」から「ユニクロがよくない？」へ。私たちは現在、未だかつてないほどに「ユニクロがよくない？」と感じている。私たちがユニクロを着るのは、安いからではない。画期的な機能性、普遍的なデザイン性、そして新たな価値観を提案するというその理念。もう、非の打ちどころがないユニクロに、これ以上正しい服はないと思わせるユニクロに惹かれているのではないか。

だがなぜ、ユニクロが正解の服となったのだろうか。なぜ、人々は服に正しさを求めるようになったのだろうか。次章からはその理由を詳しく見ていくことにしよう。

第二章

ユニクロは「服」ではなく、「くらし」を売っている

服を着るために正しい理由が必要になった

ユニクロが「ライフウェア」という新しいカテゴリーの服を提唱し始めたのは、2013年のことである。高品質でファッション性があり、着心地が本当によく、誰もが手の届く価格の日常着。人々の生活をよくする究極の服。それは、より望ましいライフスタイル、新たな価値観を提案する正しい服でもある。服に個性や差異化ではなく、正しさを求めることなど、平成が始まった頃には考えられなかった。だが、今ではそのことは当たり前になりつつある。

人々がファッションに正しさを求めるようになったのはいつ頃からだろうか。倫理的な正しさを志向するエシカルファッション、エシカル消費という言葉は日本でも2010年代に入ってから頻繁に使われるようになってきた。

エシカルファッションとは、狭義では「良識に基づいて生産、流通されているファッション」を指し、エシカル消費とは、そういったアイテムを選択し、消費することを意味する。公正な貿易である「フェアトレード」が生産や販売など主に送り手側からの代表的なエシカルファッションとするならば、受け手側である消費者は、「フェアトレード商品」を積極的に買うことで、自然や社会環境の保全に主体的に関わるエシカル消費を行うことが可能になるわけだ。

つまり、デザインやブランドだけを「売り」にしたり、選択基準にするのではなく、このバッグを買えば世界中のお腹をすかせている子どもたちに給食を贈ることができる、このバッグを選ぶことによって、南アフリカの先住民が安定した収入を得ることができるという、生産、流通、消費を通じた社会貢献がエシカルファッションの最大のセールスポイントである。

エシカルなファッションアイテムは、商品を購入する消費者の側にも、ショッピングを通した良識の表現者という立場を与える。だから、消費に意義を求める人たちからは、望ましい消費スタイルと認められつつある。「いい事をした」という納得感まで一緒に得られる点で、消費者の満足度が高く、有力ブランドもその効果に着目し始めた。

（FASHIONSNAP.COM「『エシカルファッション』『フェアトレード』って何?」
https://www.fashionsnap.com/article/ethical-fairtrade/）

消費を行いながら、社会貢献もできるとは、本当に理想的ではないか。それは、浪費、環境破壊といった消費にまつわる負の側面を払拭してくれる。負の消費から正の消費へ。この商品を買うことは、決して虚栄心からの浪費ではない。それは、むしろ「いいこと」「正しいこと」であり、社会貢献にもつながる行為なのだ。

エシカル消費が広がった結果、単なる負の消費はますます分が悪くなっていく。現在、贅沢品などは最も忌み嫌われるものであろう。とりわけラグジュアリーな宝飾品や毛皮などはもってのほかだ。たとえどんなに伝統ある高級ブランドであっても、事情は同じである。いや、むしろ高級ブランドであるからこそ、率先して「良識」を示さなければならない。おかげでシャネルもグッチも、リアルファーを使用しなくなった。今まで格下だとされていた人工の毛皮はフェイク（偽物）ファーではなく、動物愛護や環境に配慮していることからエコファーと呼ばれるようになった。エコファーこそ21世紀に積極的に選ばれるべきものである。真のラグジュアリーは、エコファーに宿るのだ。

グッチのマルコ・ビッザーリCEOも、ファーフリー（リアルファーを使わないこと）に踏み切った理由を次のように述べている。

社会的責任を果たすことは「グッチ」の大切な価値観の一つであり、環境と動物により良い方法をとっていくため今後も努力を続けていく。HSUS（アメリカ合衆国人道協会）とLAV（イタリアの動物団体）の助けによって「グッチ」が次のステップに進めたことをうれしく思う。このことが革新を促し、人々の意識を高め、高級ファッション業界をより良い方向に変えていくことを願っている。

（WWD JAPAN「『グッチ』がリアルファーの使用を廃止」https://www.wwdjapan.com/articles/493204）

このように、今やファッションは「良識」を示すものとなり、ブランドは社会的責任を果たさなければならなくなっている。もちろん、ユニクロもこの流れを意識し、リアルファーに代わるボリューム感のある素材として、毛足の長いボアフリースを展開している。2018年秋冬には、ボアフリースのコートやジャケットを世界的にヒットさせた。

また、2020年までに、アンゴラヤギの毛であるモヘアの使用を中止することも表明している。

南アフリカの牧場作業員がヤギを虐待する映像が流れ、国内外のアパレル大手が相次ぎアンゴラヤギの毛である「モヘア」の使用中止を表明している。ファーストリテイリング傘下のユニクロも、2020年までにモヘア素材の使用を中止する方針を決めた。環境や社会への影響を配慮した「エシカル（倫理的）」消費の関心が高まり、企業のブランド戦略にも影響し始めた。

（2018年6月6日付日本経済新聞）

ユニクロがエシカルを目指しているのは、製品だけではない。日本のアパレル企業としてはいち早く、脱プラスチックにも取り組んでいる。日本を含む世界2000店舗で使用するレジ袋や商品の梱包材を見直し、紙や生分解性プラスチックなどに切り替えられるよう対応を進めているのだ。

すでにスペイン発祥のＺＡＲＡなども２０１９年以降、日本の店舗でレジ袋を紙製に順次切り替えており、ハイブランド、ファストファッションブランドを問わず、あらゆるブランドが、さまざまな側面においてエシカルな取り組みを行うのは当然のことになってきているのである。

倫理的に正しいものにお金を使いたい

こうして、消費者の意識の高まりとともに、エシカルファッションが一般に浸透するようになった。とはいえ、消費者庁が２０１７年にまとめた意識調査によると、「『エシカル（倫理的）消費』『エシカル』という言葉を知っているか」という問いに対して、知っていると回答したのは10・4％にすぎない。この時点では、まだ言葉の認知度は低かったのだ。しかしながら、「エシカルな商品・サービスの提供が企業イメージの向上につながるかどうか」については、65・2％が「そう思う」「どちらかというとそう思う」と前向きに評価すると答えている（２０１９年1月5日付日本経済新聞）。

さらに、２０１９年に入ってからはファッション誌でもエシカル消費を積極的に取り上げるようになった。『CLASSY.（クラッシィ）』２０１９年２月号では、「自分だけじゃなくて、世の中にもいいものを選びたいから　これからはオシャレも『エシカル』の時代です」と題して、「〝環境や人にやさしい〟をコンセプトにした新しいファッション」である「エシカルファッション」が特集されている。また、同時期の『ヴァンサンカン』でも、ラグジュアリーでなく、ラブジュアリーをテーマに「地球ＬＯＶＥなエシカルファッション」（『ヴァンサンカン』２０１９年２月号）が紹介されているのだ。

このように、環境や社会問題への意識がもともと高かったわけではない女性ファッション誌においても、ごく自然な流れでエシカルファッションが特集されるまでになったのである。その背景には、浪費に直結するファッション消費ほど避けられるという事情がある。消費者のファッション離れはそれほどまでに顕著なのである。

消費者庁の意識調査でも、次のような結果が出ている。

今後節約したいと思っているものを聞いたところ、「車」と答えた人の割合が全年齢層で高くなりました。近年、若者の車離れがいわれていますが、高年齢層でもこの傾向があることが示されています。年齢層別でみると、10歳代後半では「食べること」や「通信（電話、インターネット等）」と回答した割合が高く、30歳代から60歳代まででは「ファッション」や「通信（電話、インターネット等）」、70歳代以上では「ファッション」と回答した割合がそれぞれ高くなっています。「いずれも当てはまらない」と回答した人の割合は、70歳以上で最も高くなっています。ファストファッションなどの台頭で、過去に比べ安価で品質のよいものが手に入るようになったことで「ファッション」に対する節約意識が高くなったものと思われます。

（「平成29年版消費者白書」http://www.caa.go.jp/policies/policy/consumer_research/white_paper/2017/white_paper_124.html）

今後節約していきたいものの筆頭に挙げられるのが車と並んでファッションなのである。人々が節約したいファッションを買わなければならないファッションにするためには、もう「エシカル」しかない。負の消費を正の消費にするには、エシカル消費に頼るしかないのである。

もともとは欧米で広まったエシカルファッションが、2010年代に入って日本に波及し、2010年代の中頃になってようやく一般化し始めた。そして今、やっと「エシカル」が今後の消費の流行を牽引するまでになっている。しかし、「エシカル」をフェアトレードや動物愛護や環境に配慮することのみに限定せずに、もっと幅広く、倫理的に正しいファッションととらえるならば、ユニクロというブランドはエシカル消費が流行するずっと前から「エシカル」志向だったと言えるのではないだろうか。何しろユニクロは、2000年頃から「正しさ」を示し続けているのだ。「国籍や職業や学歴など、人間を区別してきたあらゆるものを超える、みんなの服」「活動的に、快適に生きようとするすべての人に必要な服」がユニクロの服であると主張し続けているのだ。あらゆる人に開かれた民主的な服。極めてまっとうである。その「民主的な服」をつくるために裏では途上国の労働力を搾取するなどの問題が起こっているが、ユニクロが表だって掲げているイメージは常にまっとうで「エシカル」なのである。

ユニクロが「服はシンプルな方がいい」――そう宣言したときに、DCブランドが表現してきた「個性」というものは瓦解したのではないか。人と違う私を表現するために、差異化のために行ってきたさまざまな試みは水泡に帰したのではないか。個性的な服で表現する「私らしさ」よりも、シンプルな服ほど着る人のスタイルが見えてくる。本来の「個性」が浮き彫りになる。こうして、差異化のための最も有効な道具であったはずの服は、ユニクロによって、服装の部品へと転化したのである。

「エシカル」という言葉が浸透するにしたがって、「服装における完成された部品」は、同時に「ライフスタイルをつくるための道具」となった。「つくり手ではなく着る人の価値観からつくられた服」「服そのものに進化をもたらす未来の服」「美意識のある超・合理性でできた服」「世界中のあらゆる人のための服、という意味で究極の服」――ユニクロイノベーションプロジェクトによって、次の段階へとステップアップを狙うユニクロは、着る人の価値観に寄り添いながら、ライフスタイルをつくり上げようと試みた。それが、ユニクロが2013年に満を持して発表した究極の正しい服、エシカルな服である「ライフウェア」なのである。

ユニクロの服なら間違いがない

「ライフウェア」とは何か。ライフスタイルをつくるための道具とは具体的にどういうことか。柳井正は次のように述べている。

つまり「画期的な機能性」と「普遍的なデザイン性」を組み合わせれば、未来のベーシックな定番商品を作り出せるということを端的に証明したのが、ヒートテックでした。最近の全国消費者調査によれば、ヒートテックを着たことのある八割強の人が、冬の厚着から解放され、寒い冬の外出も積極的にするようになったと答えておられます。お客様にとってより望ましいライフスタイルがこの商品の出現で可能になった、ということが大きいと思います。

（『考える人』２０１１年秋号　新潮社）

ここで柳井は、より望ましいライフスタイルをつくるための道具こそヒートテックだったと断言している。確かにそれは着る人の「生活をよくするための服」だろう。まさに「ライフウェア」の名に相応しい。万人に開かれた、完成された部品。着る人の価値観に寄り添い、ライフスタイルをつくり出す服。これ以上、正しい服があるだろうか。「エシカル」な服があるだろうか。

そんな究極の「エシカル」さは、ユニクロホームページ上のステートメントにも表れている。This is LifeWear. これが「ライフウェア」だとユニクロは主張する。


服に個性があるのではなく、着る人に個性がある。そうユニクロは信じています。

私たちの服は、作り手ではなく、着る人の価値観から作られる服です。

さあ、新しい発想の服の世界へ。


私たちの服は、シンプルで、上質で、長く使えるという日本の価値観をもとに、時代の新しい息吹を取り込んで作られています。

だからこそ私たちの服は、あなたらしいスタイルを形作る部品になれる、と信じています。

完璧な1枚のシャツは、さらに完璧なシャツを目指して作り続けられます。
もっともシンプルなデザインは、もっとも考え抜かれた工夫が隠されています。
最適なフィットと最良の素材を追求しながら、誰もが気軽に手に取れる価格でお届けします。

私たちは、あなたの日常をより快適にするために、
さらに暖かく、さらに軽やかで、より良いデザインへと、イノベーションを起こし続けるのです。

あなたの生活は絶えず変化をしていくものだから、私たちも常に進化を続けます。
考え尽くされたシンプルな服が、あなたの生活をより良く変えていきます。

シンプルなものを、さらに良いものへ。
UNIQLO LifeWear. Simple made better.

(https://www.uniqlo.com/lifewear/jp/)

一点の曇りもない、素晴らしいメッセージである。では、このメッセージの後にいったいどんな素晴らしい服が現れるのか。期待は高まる一方だ。しかしながら、メッセージの後に続くのは、一見、何の変哲もないシャツやセーター、パンツである。完璧なシャツと言われても、その完璧さは見ただけではわからない。少なくともホームページ上では決してわからない。とりわけ、素人には。着心地やフィット感は実際に着てみれば多少はわかるかもしれないが、何がどう究極なのかは、ファッションのプロでもない限り、本当のところはわからないだろう。

わかるのは、ユニクロが「正しい」ことだけだ。エシカルであることだけだ。とりあえず、ユニクロを着ておけばいろんな意味で間違っていないだろう。ただ、その「正しさ」をユニクロ自らが主張するには限界がある。ユニクロの「正しさ」に他者がお墨付きを与える必要がある。ほら、あの人もユニクロを推していますよ。「ユニクロ推し」ですよ。だから、ユニクロの「ライフウェア」を選ぶのが、正解なんですよ。そんなユニクロのアンバサダーに抜擢されたのが、今や誰もが知る「あの人」松浦弥太郎だ。

「ていねいなくらし」の実践者・松浦弥太郎のお墨付き

松浦弥太郎を今さら詳しく説明する必要などないかもしれない。それほど近年の彼の活躍はめざましい。『暮しの手帖』の元名物編集長にして、現在はウェブで「くらしのきほん」を主宰するエッセイストの松浦弥太郎。個性的な書店の先駆けである「COW BOOKS（カウブックス）」を手掛け、ブームになる前から「ていねいなくらし」を実践する彼は、今や暮らしを超えて生き方を指南するカリスマである。『はたらくきほん100 毎日がスタートアップ』（共著）、『自分で考えて生きよう』『「自分らしさ」はいらない くらしと仕事、成功のレッスン』――もはやビジネス書と呼べるような自己啓発本を次々と世に送り出している。

そんな松浦が、2017年の初夏からユニクロと手を結び、「LifeWear Story 100」と銘打って、ホームページ上でユニクロの「ライフウェア」をテーマにした「物語」を連載し始めたのだ。

100

LifeWear Story 100とは。

ユニクロには、
流行に左右されず、
けれども、決して古びることのない、
長い間、作り続けている普通の服がある。
品揃えの中では、
とても地味で目立たない存在である。
コマーシャルにもあまり出てこない。

それらは、ユニクロが、
もっと快適に、もっと丈夫に、
もっと上質であることを、
長年、愛情を込めて追求したものだ。

それらは、ユニクロの人格と姿勢が、
目に見えるかたちになったものであり、
丹精に育てているものだ。

松浦弥太郎が紡ぐ「LifeWear Story 100」

連載を開始するに当たって、まず彼は「LifeWear Story 100とは。」と題し、次のような文を寄せる。

ユニクロには、
流行に左右されず、
けれども、決して古びることのない、
長い間、作り続けている普通の服がある。
品揃えの中では、
とても地味で目立たない存在である。
コマーシャルにもあまり出てこない。

このように、最初に流行性を否定した上で松浦はユニクロがベーシックな服をつくり続けていることを確認し、その服こそ、ユニクロの根幹を成すものだと言う。

それらは、ユニクロが、
もっと快適に、もっと丈夫に、
もっと上質であることを、
長年、愛情を込めて追求したものだ。

それらは、ユニクロの人格と姿勢が、
目に見えるかたちになったものであり、
丹精に育てているものだ。

つまり、ユニクロがずっとつくり続けているベーシックで丈夫で快適かつ上質な服は、単なる服ではなく、服であることを超えたもの、「ユニクロの人格と姿勢」の結晶なのだと松浦は断言するのである。何しろ、人格を持った「服」は「友だちのように、問いかけてくる」のだから。

手にとり、着てみると、
あたかも友だちのように、
その服は、私たちに、
こう問いかけてくる。

豊かで、上質な暮らしとは、
どんな暮らしなのか？
どんなふうに今日を過ごすのか？
あなたにとってのしあわせとは何か？　と。

暮らし方から「しあわせとは何か」までを、着る人に問いかける服。それはまるでリトマス試験紙のように着る人のライフスタイルが試される服なのである。

そんな服が、今までこの世界に、

あっただろうかと驚く自分がいる。

もちろん、松浦が言うように、そんな服は今までに存在しなかったと言うことができるし、逆にすべての服が、実は着る人に「暮らし方」や「しあわせ」を問いかけているとも考えられる。私たちは、日々、着る服を選ぶことで、自分自身の「暮らし方」や「しあわせ」を選び取っているのだ。例えば、エシカルな服を選ぶことで、そういったライフスタイルを選択しているのである。

だが、松浦はユニクロの「ライフウェア」にこそ、「上質な暮らし」の答えがあると結論づける。

ユニクロのプリンシプル（きほん）とは何か？
ユニクロは、なぜ服を、
LifeWear と呼んでいるのだろう？
LifeWear とは、どんな服なのだろう？

このようにして、松浦は自らが提唱する「くらしのきほん」とユニクロが近年掲げている「ライフウェア」を結びつける。「人々のライフスタイルや価値観をつくり、進化をもたらす未来の服」「すべての人に必要な、究極の服」「生活をよくするための服」に今、「ていねいなくらし」のエキスパートである松浦の新たな解釈がつけ加わるのだ。「くらしのきほん」と「ライフウェア」のマリアージュ。それは、今までにない相乗効果を生み出す結びつきではないだろうか。

ここでは、LifeWear の、
根っこを見る、知る、伝える。
そして、LifeWear と、自分にまつわる、
ストーリーを書いていきたい。

LifeWear Story 100 は、

LifeWearと僕の、旅の物語になるだろう。

（ユニクロ「LifeWear Story 100とは。」https://www.uniqlo.com/lifewearstory100/001/index.html）

こうして、「弥太郎」を主人公とする「LifeWear Story 100」は始まった。

弥太郎がサンフランシスコに着くところから物語が展開していく（「旅のはじまり」〈001〉）。そこで紹介されるのは、「ＭＥＮスーピマコットンクルーネックＴ」だ。その後も、「ＭＥＮショートソックス」（002）、「ＷＯＭＥＮブラロングフレアワンピース」（040）、「フリースブランケット」（072）などメンズ、レディスを問わずさまざまなアイテムにまつわる連続したストーリーが、週に一度、火曜日に届けられる。物語は、第１部の「サンフランシスコ編」を経て、第２部の「ニューヨーク編」へと続いた。

ニューヨークに渡った弥太郎は、コーヒーショップで出会った店員のアシャに惹かれ、二人は恋人になる。アシャとの出逢いにより、さまざまな経験を積んだ弥太郎は、ブックハンターとしても着々と成功していくが、アシャは大好きなデザインを勉強するためにパリへ行くことを決意する。二人は、５年後の同じ日の同じ時間に二人が出会ったコーヒーショップで再会することを約束して、別れる。果たして、二人の恋の行方はどうなるのか。その結末はいかに？

二人が結ばれるのかどうかは、実際にホームページで「LifeWear Story 100」を読んでいただくとして、ここではどのようにストーリーとユニクロのアイテムがリンクされているのかを見ていこう。

例えば、ストーリーも佳境に入った75話では、「MENスウェットフルジップパーカ」が、恋人アシャとの物語とともにこんな風に紹介される。

ふと気がついたのだが、今日という待ち合わせの日に僕が着ていた服は、アシャがいたく気に入っていたジップパーカーだった。

僕もアシャもパーカーが大好きでいくつも持っていたけれど、中でも、最もスタンダードなデザインの、このグレイのパーカーは一番のお気に入りで、もう何年着ているかわからないほどの一着だった。

「たしかアシャとお揃いだったな……」と僕は一人で微笑んだ。このジップパーカーは、同じものを二人で買ったのだ。僕もアシャもシンプルな服が好きだった。シンプルというセンスは、すべてアシャから教わったのだ。

(LifeWear Story 075)

この、ユニクロのアイテムを忍び込ませた自伝的な小説の合間にさりげなく、ユニクロからの機能性の解説が入る。

「FUNCTION1　ベーシックの追求」

ベーシックにこそ、とことんこだわる。LifeWear の哲学を詰め込んだフルジップパーカです。

生地は、ソフトな手触りながらも適度な弾力としなやかさを持つ裏毛スウェットを使用。重すぎず軽すぎない、1年を通して袖を通せる程よい厚みが魅力の素材です。

シルエットは今季からボックスシルエットに変更。現代のスタンダードであるリラックス感と、着こなしとしてもバランスのよい身幅・丈感をもつあたらしいフォルムです。

このように、アイテムを紹介する松浦の軽妙洒脱な物語とユニクロの機能性のおかげで「ライフウェア」の「正しさ」がますます確固たるものになっていく。読者は、松浦の物語とユニクロの解説によって心を動かされずにはいられない。物語の世界の小道具として使われている「ライフウェア」を着てみたい、手に入れたいという気持ちにさせられるだろう。

何しろ、「時代が過ぎても、決して古びない、ほんとうに知りたい、価値のある基本を発信する」（くらしのきほん https://kurashi-no-kihon.com/info/about）松浦弥太郎が、ユニクロの「ライフウェア」をそのアーカイブにつけ加えていくのだから。「くらしのきほん」を知っている松浦が、「アイリッシュリネンのハンカチーフ」を推すように、ユニクロの「スウェットフルジップパーカ」を推すのだから。「ライフウェア」こそ、「私のくらしになくてはならないものだ」と松浦が語りかけてくるのである。それは、もともと「すべての人に必要な究極の服」が、「くらしのきほん」の服として認定される瞬間だ。こうして、エシカルな服「ライフウェア」が完成する。

「くらし」の時代の到来

松浦弥太郎は自ら「くらしのきほん」というサイトを立ち上げた頃から、「くらし」という表記をよく使うようになった。「暮し」でも「暮らし」でもない「くらし」。そこにはどんな意味が込められているのだろうか。

『暮しの手帖』初代編集長である花森安治は、「暮し」に特別な意味を与えた。新しく創刊した雑誌に『暮しの手帖』と名付けることによって、「貧困のどん底にまで落ちた日本の社会と、追い詰められた人びととの生活を意味していた」（津野海太郎『花森安治伝』新潮社）、「暮らし」という言葉を貧しさから解き放ち、「暮し」に新しい意味を付与したのである。「もう二度と戦争を起こさないために、暮しを大切にする」――花森がそのように決意を表明したことで、「暮し」は戦後の貧困から立ち上がっていく際の原動力を象徴する希望の言葉になった。

しかし、高度経済成長期を経て「豊か」になった私たちは、「あたりまえの暮し」に慣れ、「美しい暮らしとはつねに目に見える新しさありきで、新しい情報、新しい雰囲気を、今すぐ生活に取り入れること」（松浦弥太郎『日々の100』集英社文庫）だと思うようになった。次々と流行を追い求める高度消費社会の果てに人々がたどり着いたのは、持続可能な社会、ロハスな「くらし」であった。地球環境や社会に配慮して生活することや健康に留意して日々を「ていねいにくらす」こと。本当の豊かさとは、決して物質的な豊かさではない。それはその背後にある目に見えない大切なものである。「ていねいなくらし」を実践することによって、その大切なものが手に入るのだと松浦弥太郎は言う。

毎日必ず、同じものを使う。

これほど気持ちのよいことはないと思うのです。

いつも清潔で、使い心地がよく、人に与える印象もさわやかなもの。こんな身支度が無意識にできれば、日々はすこやかに回っていくと感じます。毎日にきちんとしたリズムができていきます。

僕にとってそんなアイテムは白いハンカチ。アイリッシュリネンかシーアイランドコットンのものを、二〇枚ほど持っています。

（松浦弥太郎『いつもの毎日。衣食住と仕事』集英社文庫）

アイリッシュリネンのハンカチーフを毎日「ていねい」に使うことによって、日々がすこやかに回り、毎日にきちんとしたリズムができる。これほど気持ちのよいことはない。それが「本当の豊かさ」だ。「くらしのきほん」だと松浦は主張するのである。

そして、2010年代に入り、多くの人々が松浦的な生活を実践する「くらし」の時代がやってきた。日常生活を慌ただしく送るのではなく、じっくりと時間をかけて、日々の生活を味わうこと。吟味し、厳選された日用品に囲まれて、「ていねいにくらす」こと。それがスタイルのある日常であり、本当の豊かな「くらし」である。

スタイルのある日常を買う。「ライフスタイル・ショッピング」は近年の『Casa BRUTUS（カーサ ブルータス）』などが特に力を入れているテーマである。そこでは、うつわからキッチンツール、バス&ランドリー、ガーデニングからトートバッグまで、厳選された日用品や「くらし」の道具を売る全国の個性的なショップが紹介されている。

ここに行けば、スタイルのある日常を買うことができる。逆に、ここに行かなければスタイルのある日常を買うことはできない。ライフスタイルとは買うものなのだ。ただし、その「ライフスタイル・ショッピング」のラインナップに服は入っていない。

服はもう、じっくりと時間をかけて、わざわざ遠くまで買いに行くものではなくなったのだ。なぜなら、服はもう「ライフウェア」があるからだ。ネットですぐに買える究極の服であり「くらしのきほん」である「ライフウェア」が。

ユニクロと無印良品の違い

こうして、「くらし」の時代に最も相応しく、最も正しい選択肢となったのがユニクロの「ライフウェア」である。「ライフウェア」は服のかたちをしているが、もはや服ではないのかもしれない。なぜなら「ライフウェア」はすでに服であることを超えているからだ。新たな価値観をつくり、ライフスタイルを示すものであるからだ。それは、服のかたちをした「ていねいなくらし」という理念であり、「エシカル」なライフスタイルという記号ではないだろうか。

ユニクロは、服を売っているのではない。松浦弥太郎までを動員して、ユニクロが売ろうとするのは、「くらし」である。ユニクロは服を通して、「くらし」を売っているのだ。だからこそ、ユニクロは今の私たちに不可欠なものとなったのである。

では、ユニクロと同じように、21世紀に入ってポピュラーになった無印良品はどうなのか。無印良品も、シンプルな服を売り、ライフスタイルを示しているのではないか。

確かに、無印良品も一見ユニクロと重なるようなシンプルな服をつくり続けている。

「わけあって、安い」をキャッチフレーズとし、安くて良い品として開発された無印良品。1980年、良品計画の母体である西友の自社開発の経験を基にノーブランドの商品発想でつくられました。商品開発の基本は、生活の基本となる本当に必要なものを、本当に必要なかたちでつくること。そのために、素材を見直し、生産工程の手間を省き、包装を簡略にしました。この方針が時代の美意識に合い、シンプルで美しい商品が長く愛されてきました。

（良品計画 https://ryohin-keikaku.jp/ryohin/）

ここでも述べられているように、無印良品は、もともと西友のプライベートブランドとして1980年に誕生した。素材のよさと限りなくシンプルであることを追求し、80年代の個性を競うDCブランド全盛時代に、そのアンチテーゼとしての地位を確立していく。あえて「無印（ノーブランド）」を貫くことで、無印良品はブランドになった。通常のブランドが差異化のために、「個性」を足し算することで成り立つのならば、無印良品は「引き算のブランド」だ。何もかもを引き算することで、逆に差異化に成功したのである。

90年代のリアルクローズ、シンプルな服の流行とともに、無印良品もユニクロ同様、ポピュラリティを獲得していく。それは、DCブランドの「個性」やインポートブランドの過剰な「記号」に疲れた人々にとって、印のないことが癒やしとなったためであろう。

無印良品も人々の関心が衣から食住へ、ファッションからライフスタイルへと移り変わるにつれて、取り扱う商品を広げてきた。食品、化粧品、雑貨、家電、家具、家。現在では、買えないものがないほど、ライフスタイル全般にわたってあらゆる商品を取り揃えている。着ることから食べること、住むこと、そして暮らすことへ。無印良品の哲学に基づいた「ＭＵＪＩなくらし」が展開されており、実際のところ私たちは、朝から晩まで無印良品の製品に囲まれて暮らすことができるのだ。

それだけに、無印良品は早くから、単なる店舗を超えた空間をつくり出すことにも力を注いでいる。２００１年に旗艦店としてオープンした有楽町店の一角にカフェスペース「Café MUJI」を設置し、「素の食」をテーマに身体によい食材を使ったメニューを提供してきた。２００７年には、物販販売のない初の飲食単独店舗である「Café&Meal MUJI 日比谷」をオープンしている。

無印良品の「Café&Meal MUJI」は、「『素の食』はおいしい」をコンセプトに季節の素材をたっぷりと使い、身体にやさしく食べておいしいメニューを取り揃えた飲食業態である。

もぎたてのトマトをまる齧りしたときの、あのみずみずしい甘みや酸味。Café&Meal MUJI が大切にしているのは、たとえばそんな「素の食」のおいしさです。
太陽や土、水の恵みがたっぷりと染み込んだ素材そのものの味を生かし、
自然のうま味を引き出すために、できる限りシンプルに調理しています。
化学調味料は最小限に抑え、保存料はいっさい使用しません。
日本を中心に世界中の産地に直接足を運び、
生産者の方々と交流しながらそのときいちばんの旬の食材を調達しています。
一方では、フェアトレードや環境に配慮した農法を積極的に採用し、
その土地ならではの伝統料理をメニューに取り入れることで
歴史ある食文化を次世代につなげる試みも行いつづけています。
(Café&Meal MUJI https://cafemeal.muji.com/jp/about/)

このように、健康や環境に配慮したカフェを通して、無印良品の食を提案し続けている。

また、無印良品はブックカフェブームに先駆けて「本」にも注目し、本のある空間

「MUJI BOOKS」を２０１５年から展開し始めた。厳選された店舗に、衣類、家具、雑貨、食品などと地続きに無印良品が提案する本が置かれている。そこでは、「知の巨人」松岡正剛監修のもと、「くらしのさ（冊、読むことの歴史）し（食）す（素材）せ（生活）そ（装い）」というテーマに沿って、本が分類されているのだ。「さしすせそ」には、くらしを彩る調味料のようにという意味が込められているのだろう。MUJI BOOKSでは、本と生活用品を一つの空間に同居させることで、「本と暮らす」生活を提案しているのである。

このように、無印良品はあらゆる商品、本までを使って「ＭＵＪＩなくらし」を提案している。つまり、衣食住のすべてを無印良品の哲学に基づいてブランド化することで、「ＭＵＪＩなくらし」を売っているのである。それは、２０１９年４月にオープンした銀座の旗艦店にある「MUJI HOTEL」に集約できるだろう。「MUJI HOTEL」は「ＭＵＪＩなくらし」を体験できる場であり、世界中からファンが押し寄せる「ＭＵＪＩなくらし」の聖地となるに違いない。

だが、ユニクロは違う。ユニクロは「ユニクロなくらし」を売っているのではない。

「ていねいなくらし」を売っているのだ。しかも、「服」によって。

「服を変え、常識を変え、世界を変えていく」のがユニクロのステートメントである。初めに服ありきなのである。そこが、無印良品との最大の違いであり、ユニクロが究極の服になれたゆえんではないだろうか。

第三章 みんな、おしゃれよりもくらしが好き

ファッションからライフスタイルへ

前章では、ユニクロが「ていねいなくらし」を売っているからこそ、今の時代に最も受け入れられるブランドになったということを確認した。では、いつからこのような「ていねいなくらし」がブームになっているのか、食べることや暮らすことへの関心が高まっているのかを見ていこう。

近年は、ライフスタイル誌というジャンルもすっかり定着したようだ。『anan（アンアン）』『POPEYE（ポパイ）』『Olive（オリーブ）』など、かつてはファッション誌で一時代を築いたマガジンハウスも、現在ではファッション誌より『カーサ ブルータス』『& Premium（アンドプレミアム）』『ku:nel（クウネル）』といったライフスタイル誌の存在感が高まっている。もちろん、マガジンハウスだけでなく、青文字雑誌で一世を風靡した宝島社も、『Liniere（リンネル）』『大人のおしゃれ手帖』のようなライフスタイル誌に力を入れている。

暮らしをテーマにした雑誌の嚆矢《こうし》としては、もちろんあの『暮しの手帖』が挙げられるわけだが、流行の要素を取り入れた、グラビアファッション的なスタイルのライフスタイル誌の先駆けと言えば、やはり2003年にマガジンハウスから『アンアン』増刊号として創刊された『クウネル』であろう。『クウネル』は、「ストーリーのあるモノと暮らし」をキャッチフレーズに衣食住の「食住」を重視し、敢えてファッション（衣）を扱わないことで、独自の世界を切り開いていった。「クウネル」というネーミングは食うと寝るに由来するのだろう。それは、食べることと寝ること、つまり暮らすことが重要なのだというメッセージであり、『クウネル』とは、まさにこれからファッションではなくライフスタイルの時代がやってくることを告げる雑誌だったと言える。

創刊当初の「週末の過ごしかた。」から「コーヒーはいかが？」「本はいいなぁ。」「哲学ある住まい。」まで、すでにその特集は、現在の「ていねいなくらし」を先取りしている。2016年1月のリニューアルにより、かつての独特の雰囲気は失われたものの、「心地良い暮らしのヒントは生活の定番から」（2017年9月号）、「おいしい料理には物語があります」（2018年3月号）のように、現在も食住を中心に「カッコいい大人のライフスタイル」（2019年3月号）を牽引している。

「ライフスタイル・ショッピング!」
『カーサ ブルータス』2016年7月号

もともとは『BRUTUS（ブルータス）』の建築特集から派生し、ファッショナブルな建築雑誌の趣が強かった『カーサ ブルータス』も、2011年の東日本大震災を契機にライフスタイル誌へと方向性を転換した。安藤忠雄やル・コルビュジエといった建築家を毎号のようにクローズアップし、「建築とファッション」などデザインやアートに特化した特集が中心だった『カーサ ブルータス』が、震災以降は「収納術」「パン」「キッチン」といった「暮らし」を扱い始めたのである。

とりわけ、2011年7月号の「理想の暮らしが買える店」で初めて「暮らし」が取り上げられてからは、誌面に「暮らし」という言葉が頻出するようになった。『カーサブルータス』の「カーサ」が建築としての家そのものから、その中身である家の中のことがら＝暮らしを意味するようになったのである。男性領域と考えられていた建築作品から女性領域とされる日常の家事全般へとテーマが移り変わったとも言える。『カーサブルータス』は表だって男性誌を掲げているわけではなかったが、『ブルータス』の建築特集が出発点なだけに、やはり創刊時から男性的な視点に立って編集されてきた。それゆえに、２０１１年までは、建築、アート、デザイン、旅、その延長線上にあるデザイン家具や雑貨などが紹介されることはあっても、家事や暮らしに直結するようなキッチンや収納、うつわ、朝食やパンといった、女性誌が好んで取り上げるようなテーマが正面切って特集されることはなかったのである。

しかし、震災を契機に風向きが変わった。都市のホテルライクな部屋に住み、一流レストランで美食を楽しみ、時には海外に建築やアートを見に出かけるような、非日常的なライフスタイルの提案は影を潜め、日常的な暮らしに主軸を置く方向へと向かっていく。次に挙げるのは２０１８年一年間の『カーサ ブルータス』の特集記事である。

２０１８年１月　LIFE DESIGN BOOKS 生き方を変える本
２０１８年２月　理想の家ベストサンプル
２０１８年３月　照明上手
２０１８年４月　カフェとロースター
２０１８年５月　デザインのいい仕事場
２０１８年６月　猫村さんとほしよりこ
２０１８年７月　行列のできるうつわ作家
２０１８年８月　瀬戸内シティガイド
２０１８年９月　ライフスタイルホテル
２０１８年10月　美しい住まいの教科書
２０１８年11月　東京、再発見。
２０１８年12月　建築《ケンチク》を巡る旅。

「生き方」「照明」「カフェ」「うつわ」「ライフスタイル」「住まい」と暮らしに関する

特集が続く。12月号になって、ようやく建築が登場するが、これも創刊20周年の記念号ゆえに建築という原点に回帰したにすぎない。しかも、かつてのように海外の建築家や建築作品が紹介されるのではなく、「日本人建築家が作る唯一無二の空間に世界がラブコール！」と題して、「日本らしさ」を改めて考えたり、建築作品よりも「空間」を訪ねる内容になっている。

こうして、『カーサ ブルータス』の「カーサ」は、アート、作品としての家（建築）から、暮らす場としての家（生活空間）へと移り変わり、ファッションとしての建築を紹介する雑誌から、「美しい暮らしをデザインする」ライフスタイル誌へとすっかり様変わりしたのであった。

ファッションはもう流行ではない

ファッションとしての建築から美しい暮らしへ。『カーサ ブルータス』の場合、この転向の直接的なきっかけとなったのが、震災であった。ファッション誌でも同様に、震災をターニングポイントとしてファッションよりライフスタイルを充実させる傾向が見て取れる。例えば、30代主婦向けファッション誌『ヴェリィ』も、震災後に初めて発行した2011年5月号から、それまでにない新キャラクター「ミセスオーガニックさん」を登場させた。

『ヴェリィ』と言えば、大学時代は『JJ』読者で現在は専業主婦という女性をターゲットとして、バブルの残り香漂う1995年に創刊されたファッション誌である。「男は仕事と家事、女は家事と趣味的仕事」という新専業主婦（コマダム）の代名詞であり、30代主婦になっても、ハイブランドを身につけ、ランチやショッピングやお稽古事に勤しんでいる女性が読者ではなかったか。

そんな『ヴェリィ』にいきなり現れたのが、「ミセスオーガニックさん」なのだ。いったい彼女は何者なのか。『ヴェリィ』は言う。「都会っぽいのにナチュラルな人たちが増えていますミセスオーガニックさんって誰なんだ!?」（『ヴェリィ』2011年5月号　光文社）そこでは、「あなたもなれる　ミセスオーガニックさん度チェック！」と題して次のような項目が30個挙げられている。

・リネンやコットンなど、天然素材の服が好き
・スーパーでは積極的に有機野菜、無農薬野菜を選ぶ
・ジョンマスターオーガニックを使っている、使ってみたいと思っている
・自動車はプリウス
・フェアトレードの商品を意識して買い物している

といった具合である。ここから浮かび上がってくるのは、環境や健康に配慮し、エシカル消費を実践する「ミセスオーガニックさん」の姿である。すなわち、「ミセスオーガニックさん」とは、「オシャレは都会的でも、気持ちはオーガニック志向で素材や心地よさ、丁寧なくらしを大切にするママたちのこと」なのだ。初登場から6年後の2017年になると、「今や読者さんの大半が〝Mrs.オーガニック〟さんです」という段階にまで達しており、もはや主流派であると言える。

2000年頃から『ヴェリィ』読者の間でも高まりつつあった環境問題への関心やエコロジー意識、そしてロハスなライフスタイルへの憧れが、震災をきっかけに一気に吹

き出したとも理解できるだろう。また逆に言えば、震災直後という状況においてもファッション誌を継続させていくためには、「ミセスオーガニックさん」を登場させなければならなかったということである。震災という出来事を経て、自分の欲望のおもむくままに生きるのではなく、地球によい、環境によい、健康によい、エシカルなファッションを選び、エシカルな消費をすべきだという思いがますます人々の間に広がっていった。

もはや『ヴェリィ』読者も、エステに通い、ハイブランドの服やバッグを身につけ、高級スーパーで買い物をしている場合ではない。オーガニックシャンプーで髪を洗い、フェアトレードの服を着て、自分で育てたオーガニックな野菜を子どもに食べさせることが求められるようになる。そんな震災後の理想的なライフスタイルを体現したのが、「ミセスオーガニックさん」なのである。

こうして、「オシャレな人ほど今、気持ちはオーガニック！」になった。「ファッションへのこだわりが食や雑貨に向けられる時代」（菅付雅信『物欲なき世界』平凡社）がやってきた。ファッションよりもライフスタイル、「ていねいなくらし」を大切にすることが「オシャレ」と考えられるようになったのである。

今やファッションブランドやデザイナーに詳しいよりも、野菜の銘柄や産地に詳しく、新鮮な野菜を見分けられる方が尊敬に値するのである。「野菜ソムリエ」の資格を取ることは、服を格好よく着こなすこと以上に、ファッショナブルであると考えられるようになった。著名タレントやモデルが「野菜ソムリエ」の資格を持っていることを誇示するようになって久しい。

そのような世の中では、高価なオーガニック野菜を買うことは推奨されるが、高価なブランド品を買うことは決して推奨されない。野菜はどんなに高価でもたかがしれているが、洋服やバッグの価格は天井知らずである。現代において浪費ほど嫌われるものはない。「世界の主要都市を見ても、装飾的でファンシーなラグジュアリーが終焉しているというか、人々がそうしたものに疲弊している」（菅付、前掲書）のだ。そもそも身体の外側を飾るものは身体の内側をつくるものに太刀打ちできない。健康と栄養の前には、虚栄と浪費は消え去るしかない。それが健康な身体をつくることが第一義の「ていねいなくらし」の時代である。

今やラグジュアリーが許されるのは家電ぐらいではなかろうか。高級《ラグジュアリー》家電。それなら、人々が飛びついても非難されることはない。ダイソンのドライヤー、バルミューダのトースター。高くても、少々使いにくくても、おしゃれで高機能ならば、誰よりも早く手に入れたい。服はもうファッションではないが、「ていねいなくらし」を彩る高級家電《ラグジュアリー》家電は、今いちばんファッショナブルかもしれない。何しろ、ファッション誌で「最新&おしゃれなラグジュアリー家電」（『ヴァンサンカン』2018年5月号）が特集されるのだから。

おしゃれは頑張らなくていい

このように、服への関心が低下し、「毎日同じ服を着るのがおしゃれな時代」とすら言われるまでになった。物に執着しないミニマリズムや断捨離のブームも影響しているだろう。なるべくシンプルに、無駄を省いて生活する。できるだけ、物を持たない、買わない暮らしが望ましい。何と言っても『フランス人は10着しか服を持たない』（ジェニファー・L・スコット　大和書房）のだ。それなのに、あんなにおしゃれでシックではないか。

そんなわけで、現在は服をできる限り買わないことが流行している。人気イラストレーターの松尾たいこによる『クローゼットがはちきれそうなのに着る服がない！　そんな私が、1年間洋服を買わないチャレンジをしてわかったこと』（扶桑社）は、洋服が大好きで毎日のように買っていた松尾が、1年間「洋服を買わないチャレンジ」をし、そこから学んだことを綴った一冊である。

「洋服を買わないチャレンジ」のルールは、ファッション誌を読まない、服は買わない、服のコーディネートを写真に撮る、の3つだそうだが、松尾は仕事の衣裳はOK、アクセサリーは買ってもよいなどの例外を設け、まずは柔軟に100日間の「チャレンジ」をスタートする。

100日間と決めて始めた「買わないチャレンジ」だったが、今ある服でなんとかする、洋服以外の工夫でファッションを楽しむ、自分のスタイルを見直してみる、といったことを繰り返していくうちに、彼女はしだいに「ファッション断食」の虜になっていく。「洋服を買わない」という快楽に目覚め、最終的には、1年間「洋服を買わないチャレンジ」を達成するのだ。そこから見えてきたのは、自分が本当に好きな服であり、心から大好きと言える「自分らしいスタイル」だった。

服を買わないことで、自分らしさが確立できるという自己啓発的な要素も含んだ「洋服を買わないチャレンジ」は、大きな反響を呼び、チャレンジする女性が後を絶たない。1963年生まれの松尾たいこは50代半ばだが、彼女のように「洋服を買わないチャレンジ」に積極的に取り組んでいるのは、やはり40代、50代の女性が中心であろう。

つまり、今までの人生でクローゼットがはちきれるほど服を買い込んできた女性たちであり、それだけたくさんの服を買わされてきた女性たちである。彼女たちが10代、20代の頃はファッションで自己表現する時代だった。さまざまな服を着て、新たな私を発見することが、おしゃれとされていた。しかも、手頃なファストファッションはまだないのに、日々服を着替えることが求められていた。毎日違うコーディネートをすることが当たり前とされていたのである。ファッションセンスを磨くためには、高い授業料を払うことも仕方ないと考えられていたのだ。

だから、ファッション誌は一生懸命、「一ヶ月コーデ」や「30日コーデ」を指南しなければならなかった。キャンパスやオフィスで、毎日違う印象を与えるにはどうすればいいのか。限られた予算で、どのブランドのどんなアイテムをどれぐらい揃えればいいのか。しかも、その場に相応しく、周りの人々からの好感度も高いファッションでなければならないのだ。もちろん、流行の要素を取り入れるのは必須条件である。

中には、毎日違う服を着るのが、楽しくて仕方がない人もいただろう。コーディネートを考えるのが趣味という人もいたに違いない。ただし、それはあくまでも少数派であった。ファッショニスタかファッションオタクと呼ばれる人たちだ。多くの人々は、毎日のコーディネートを考えるのが面倒で仕方がなかったのではないか。高校時代のように制服があればいいのに。基本となる服があれば悩まなくてもすむのに。お金もそんなに使わなくてすむのにと考えていたのではないか。

おしゃれはそれほど好きではないにもかかわらず、おしゃれをしなければ、服を買わなければと思わされていた多数派の迷える子羊の前に、救い主ユニクロの手がさしのべられたのだ。しかも、機能性だけでなくファッション性や着る人のライフスタイルにも配慮した究極のエシカルな服「ライフウェア」として。もう「ユニクロでよくない？」となるのも、当然ではないだろうか。

近頃は、ファッション誌の「一ヶ月コーデ」「30日コーデ」にもユニクロやGUが登場することが多くなった。

「素敵な『ユニクロ通勤』、好印象の『NBB通勤』」（『アンドガール』2016年12月号）

『『ユニクロ&GU』と『人気プチプラブランド』だけの通勤着回し66days」（『美人百花』2018年3月号　角川春樹事務所）

「ユニクロ&GUで残暑を乗り切る着まわしStory!」（『ウィズ』2018年9月号　講談社）

「小物以外はユニクロ&GUで冬のぽかぽか着回しDiary」（『美人百花』2019年1月号）

ここからは、夏であろうと冬であろうと、今やユニクロが通勤時の着まわしに欠かせないデイリーブランドとなっていることがわかる。「ユニクロ通勤」なる言葉まで登場していることから、もはや「くらしのきほん」ならぬ、「しごとのきほん」ブランドとしての地位を確立していると言えるだろう。

こうして、ユニクロに救われた現代の女性たちはよほどのファッショニスタやオタクでない限り、もうそんなにおしゃれを頑張らなくてもよくなったのだ。

とりわけ20代や30代の、従来ならば最もファッションに関心があり、服を買うことにコストや労力をかけていたと思われる世代ほど、おしゃれを頑張らなくなっている。もっと言えば、ファッションに興味を示さなくなりつつある。

ファッション誌がおしゃれを疑い出した

『クラッシィ』というアラサー向けファッション誌がある。その名が示す通り、1980年代半ばの創刊時から常にクラス感のある装いを提案し続けてきた雑誌である。時代に合わせながらも、女らしく、コンサバティブなスタイルを長年、死守していた。四半世紀にわたってワンピース、スカート、ハイヒールが『クラッシィ』における「三種の神器」であったのだ。しかし、現在の『クラッシィ』はデニム、パンツ、スニーカーが「新三種の神器」であると言わんばかりに、カジュアルでベーシックなファッションを前面に押し出している。いつから、『クラッシィ』のカジュアル化は進行しているのだろうか。やはり、震災後であろうか。

次に示すのは、震災の年、2011年の『クラッシィ』の特集記事である。

２０１１年1月　「キレイめ」新時代がやってきた！
２０１１年2月　季節の変わり目こそ「キレイの偏差値」を上げる！
２０１１年3月　みんなの心に「グッとくる」スタイル研究
２０１１年4月　LOVE♥トレンチ！
２０１１年5月　これが「結婚できる」服
２０１１年6月　「痩せて見える」が夏を制する！
２０１１年7月　着るだけで「幸せになれる」服
２０１１年8月　夏よ、恋
２０１１年9月　「キレイになったね！」は最高のホメ言葉
２０１１年10月　オシャレと愛が深まる秋
２０１１年11月　毎日キレイ♡な着回しBOOK
２０１１年12月　オシャレにドキドキ足りてますか？

２０１１年の時点ではまだ、それほどカジュアル化は見られない。それまでのように、「結婚できる服」「幸せになれる服」＝「キレイめ」なファッションを毎号特集している。「オシャレにドキドキ足りてますか？」とおしゃれへの意欲もまだ積極的である。

ところが、２０１２年になると、いきなり「もうオシャレは〝頑張らなくて〟いいんです」（２０１２年３月号）となり、「カジュアルって思ったより簡単かも!!」（２０１２年８月号）と「キレイめ」からカジュアルへの変化がうかがえる。一年ほどのタイムラグはあるものの、『クラッシィ』もやはり２０１１年の震災がターニングポイントであったようだ。「今の私に必要なのは『恋から愛に変わる』服！」（２０１２年９月号）と結婚への執着は見せながらも、２０１２年も終わりに近づくと、「もう、『可愛い』だけの時代は終わった!?」（２０１２年11月号）とすっかりカジュアルに移行している。

そして、２０１３年にはついにユニクロが「４大デイリーブランドの正解コーディネート集」（２０１３年１月号）に登場する。さらに、「『こなれカジュアル』公式ガイドＢＯＯＫ」（２０１３年４月号）、「Simple is Best!」（２０１３年５月号）、「こなれカジュアルは『里子シンプル』で進化する！」（２０１３年６月号）と「こなれカジュアル」が毎号のように特集されるようになり、ついには「頑張るオシャレより疲れないオシャレ♡」（２０１３年12月号）が提案されるに至る。

もう、頑張らなくてよくなったのだ。「冬のオシャレは『暖かさ』を最優先！」（２０１４年1月号）すればいいし、『『楽ちんキレイ』を手に入れよう！」（２０１４年4月号）ということになる。もちろん毎日の通勤も、「頼りにしてます！ ZARA・GAP・PLST・UNIQLO」（２０１４年3月号）といったデイリーブランドの「こなれカジュアル必須15アイテムで夏を乗り切る！」（２０１４年7月号）ことができる。ついこの間までワンピースやスカートにハイヒールを合わせていたことを忘れたかのようだ。「デニムでできるオシャレ全部見せます！」（２０１４年5月号）、「スニーカーと一緒ならどこへでも行ける！」（２０１４年8月号）という具合に、「この秋も『こなれカジュアル』は止まらない！」（２０１４年10月号）のである。

２０１５年になると、とうとう「NO DENIM, NO LIFE!」（２０１５年4月号）とまで言い始める。同時に、ユニクロも完全に「こなれカジュアル」の「きほんブランド」として定着し、「冬を乗り切る5大デイリーブランド宣言！ ZARA GAP UNIQLO PLST 無印良品をフル活用」（2015年2月号）、「頼りになるのはやっぱりUNIQLO ZARA GAP PLST 無印良品 残暑を乗りきるデイリーブランドの底力」（2015年9月号）というように、『クラッシィ』読者に欠かせないものとなった。

我慢せずに、快適さを追求する着こなし、Tシャツやデニムやスニーカーを基本にしたベーシックでカジュアルな装い。それはまさに、ユニクロのスタイルだ。ユニクロが長年にわたって提案し続けてきた服である。お嬢様ファッションや女らしくエレガントなスタイルを好んできた『クラッシィ』読者の愛用ブランドがユニクロになるとは誰が予想しただろうか。だが、とうとう誰もが「ユニクロでよくない？」の時代がやってきたのである。

2017年になると、あまりの頑張りすぎないオシャレに不安を感じたのか、「そろそろオシャレの気合いを入れ直さなきゃ！」（2017年1月号）と反省はしてみるものの、「この夏、デニムを変えるといいことが起きる！」（2017年7月号）と、もはやデニムからは離れられないようだ。しかも、そうこうしている間に「オシャレはスマホで叶える時代です」（2018年2月号）となっている。リアルな店舗にラグジュアリーな服を買いに行く時代は終わってしまった。オシャレはすっかり変わってしまったのだ。我慢して、頑張って装う時代から、無理せず、頑張らずに装う時代へ。しかも、服はスマホでいとも簡単に手に入るのである。そこで、『クラッシィ』は自問せずにはいられなくなる。この時代に、「私たちは、なぜオシャレをするんだろう」（2018年5月号）と。

時代は健康とヘルシーへ

「私たちは、なぜオシャレをするんだろう」——それは、ユニクロの「私たちはなぜ服を着るのだろう」にも通じる哲学的な問いである。とりわけ、アラサー向け女性ファッション誌がその問いかけをしなければならなくなったことは、特筆すべきではないだろうか。なぜなら、それは自らの立ち位置どころか、存在価値を問う根源的な問いであるからだ。

2011年の「オシャレにドキドキ足りてますか？」から7年、ついに世の中はここまできたのである。女子がオシャレをすることは、ファッションに関心を持つことは自明のことではなくなったのだ。

その「問い」を発してから２ヶ月後、『クラッシィ』はもはやファッション誌の範疇を超え、「ちょっとだけ、丁寧な暮らし。」（２０１８年７月号）を特集するに至る。時間をかけた朝ごはん、週末のランニング、花のある日常、そこでは、ファッションは「丁寧な暮らし」を実現するための単なる小道具として扱われている。完全に主客転倒し、ライフスタイルがファッションを凌駕しているのだ。その後も、ファッションが忘れ去られたわけではないが、「Ｔシャツの教科書」（２０１８年８月号）や「明日からもっとボーダーが好きになる」（２０１８年９月号）と「丁寧な暮らし」のためのファッション特集が続く。

「私たちは、なぜオシャレをするんだろう」
『クラッシィ』2018年5月号

さらに、２０１９年に入ると、エシカルファッションやエシカル消費も視野に入ってくるようになる。「私にも地球にも優しいコスメを選ぼう」（2019年1月号）という具合に、『クラッシィ』読者の意識も高くなっていくのである。また、「私たち、キレイよりも〝健康〟になりたいんです！」「コスメだって体にいいものしか使いたくない！」というように、健康志向もいっそう強まっていく。何しろ、「時代の流れ、みんなの気分はこっちに移行中！　オシャレだって『ヘルシー』が憧れ！」（2019年3月号）なのであり、「ヘルシーな毎日とヘルシーなオシャレ」がいちばん推奨されるようになったのだ。ファッションは完全にカジュアル化し、「丁寧な暮らし」が主体となり、ますます健康が重視されるようになったのである。

オシャレよりも暮らし。キレイよりもヘルシー。最もコンサバティブ（保守的）で、女らしさを追求してきた雑誌までがこうなのだ。『クラッシィ』でさえそうなのだから、ファッション業界全体で見れば、ヘルシー、健康志向というのはすでに自明のこととなっている。

新宿髙島屋が「健康」をコンセプトに売り場をリニューアルしたのは、2017年3月のことだ。空中ヨガやピラティスのレッスンも行えるスタジオとともに、鳴り物入りで展開されたのが、「日常をより快適に、アクティブに」「動き」をテーマに、スポーツの要素を取り入れたユニクロの新ブランド「UNIQLO MOVE（ユニクロ ムーブ）」であった。このユニクロ ムーブは、スポーツにおける「動き」はもちろん、階段の上り下りなど日常生活のあらゆる「動き」にも焦点を当て、快適さをサポートするというものだ。もちろん、これも「ライフウェア」の一環であり、身体への負担が少ない「エアリズムパフォーマンスサポートタイツ」や吸汗速乾性の高い「ドライEX」素材を使用した女性向けの衣料など、「生活をよくするための服」や「新たなアクティブスタイル」が提案された。

また、同じ年の5月には、伊勢丹新宿店で「WELLNESS is NEW LUXURY」と銘打った催事が行われた。1階のイベントスペースを使って、「気持ちよくてオシャレなウエア、肌に優しいスキンケア、体にいい食べものなど、心地よい暮らしに必要なもの」がモデルのSHIHOのセレクトにより提案されていた。

この頃から「ヘルシー」で健康的な暮らしが、低迷する百貨店の起死回生手段として浮上してきたのだ。消費者の百貨店離れ、衣料品への関心の低下は顕著であり、それに取って代わるかのような健康志向、「ていねいなくらし」への志向が見て取れる。実際に健康であるかどうかはともかく、健康的であること、ヘルシーであることに消費者の意識は確実に向かっているのである。

その中でも、「ユニクロ ムーブ」にも表れているように、運動することはもはやライフスタイルに欠かせない。とりわけ「走ること」はもはや「ていねいなくらし」の一部になっている。「走ること」は今やファッションなのだ。女性ファッション誌でも、2000年代の後半からすでに「走る女は美しい」（『FRaU（フラウ）』）など、ファッションとしてのランニングを特集し始めている。2010年代に入ると、スニーカーブームとも相まって、いっそう「ランガール」が増加し、一部のランイベントは「走る女子会」の様相を呈していく。

ファッション業界でも、アスリートとレジャーを組み合わせた造語「アスレジャー」が数年前からノームコアに次ぐキーワードとして注目されている。「アスレジャー」とは、アスリートのように、今すぐ運動できるファッション、あるいは今すぐレジャーに出かけられるようなファッションを指す。要は、ラン（ニング）ウェアやヨガウェア、アウトドアファッションの要素を取り入れたスタイルである。2019年春夏は、ハイブランドも大々的に「アスレジャー」をコンセプトに取り入れており、流行がないとされるファッションの世界で唯一の流行と言えなくもない。

なぜなら、アスリートとレジャー、すなわち運動と余暇こそ健康の源であり、現在人々が求めている「ヘルシーなファッション」そのものであるからだ。

運動できる服が最先端

「アスレジャー」は、一応2019年春夏のシーズンのトレンドということになっているが、決して「アスレジャー」ファッションが流行を牽引しているわけではない。むしろアスリートとレジャーが流行しているから、結果的に「アスレジャー」ファッションが注目されているのである。

すでに述べたように、ランニングはすっかり私たちのライフスタイルに定着している。だからこそ、週末のランニングをより充実させるために、あるいは思い立ったときにいつでも走れるように、ランウェアと地続きなアウターやボトムス、あるいはスニーカーが求められているのだ。それならば、スポーツウェアを毎日着ればいいのではないかということになるが、本格的なスポーツウェアは、やはり日常生活には向かない。オフィスやキャンパスに出かけていくのも躊躇《ためら》われるだろう。しかし、「アスレジャー」ならば、大丈夫である。スタイリッシュな日常着でありながら、動きやすく、機能的だ。

それだけではなく、「アスレジャー」にはもっと利点がある。本当はたいして走っていなくても、ランニングにそれほど興味がなくても、「アスレジャー」ファッションを身につけるだけで、「走っている人」に見える。走ることをライフスタイルに取り入れている人に見える。つまり、「ていねいなくらし」を実践している人に見えるのだ。

さらに、「アスレジャー」のもう一つの側面であるレジャーに目を向ければ、いつでも思い立ったときにキャンプに出かけられるというのも重要である。ただし、キャンプと言っても、ここでのキャンプはやはり本格的なアウトドアのキャンプではない。こちらも数年前から流行しているグラマラスなキャンプことグランピングを指している。自然に囲まれたロケーションの中にある、贅沢で快適な宿泊施設でキャンプするのである。

日本におけるグランピング施設の先駆けである星野リゾート代表の星野佳路によれば、

「私たちが挑戦しようとしているグランピングとは、『ラグジュアリーなキャンプ』。それは、キャンプの良いところを伸ばし悪いところをなくしたリゾートサービス」（星のや富士「グランピングのすすめ」https://hoshinoya.com/fuji/cabin/glamping）であるらしい。その結果、自然の中に都会の快適空間がこれでもかと持ち込まれることになるわけだ。そんなグランピング施設に、本気のアウトドアな格好は馴染まない。かといって、都会のホテルに行くようなスタイルも不自然だ。そこで、「アスレジャー」ファッションの出番となるわけである。「アスレジャー」ならば、グランピングに相応しいまさにグラマラスなキャンプスタイルだ。

「アスレジャー」もまた、スポーツウェアやアウトドアファッションの良いところ（機能的、動きやすい）を伸ばし、悪いところ（スタイリッシュではない、カジュアルすぎる）をなくしたファッションであると言えるだろう。

グランピングは今や都会の中にも入り込んできている。都心のビルでも、会社帰りに「アーバングランピング」を楽しむことができるようになってきているのだ。その際にも「アスレジャー」が最も相応しいドレスコードなのは言うまでもない。

こうして、ますます私たちはヘルシーでナチュラルな運動と余暇をくらしに取り込んでいくことになる。『クラッシィ』読者のように、ヘルシーには縁がなかった女子たちも「時代の流れ、みんなの気分はこっちに移行中！」ということで、それほど好きではなくてもスニーカーを履いて週末に走るという、「ヘルシーな毎日とヘルシーなオシャレ」を実践するようになっていく。

なぜ、彼女たちはもともと好きではないものや苦手だったことを積極的に行うようになったのか。それは、ヘルシーであることが常に「正しい」こととされるからではないか。ハイヒールを履いて踊ることは非難されても、スニーカーを履いて走ることを非難する人はいない。ランニングにのめり込んでマラソン大会に出場しても決して後ろ指を指されることはない。むしろ、賛辞が贈られるだろう。なんと言っても、現在は「ヘルシーこそ、最強のトレンド。」（『VOGUE JAPAN（ヴォーグ・ジャパン）』２０１７年７月号　コンデナスト・ジャパン）なのだから。

とりわけ、「**運**を**動**かす」とまで言われる運動は「正義」であり、「善」でもある。来たる東京オリンピック・パラリンピックに向けて、政府与党は、すべての国民がスポーツに携わることで健康長寿を目指す「一億総スポーツ社会」を実現しようと躍起になっている。こうなると、むしろスポーツをしないことこそ非難されるだろう。一方で、スポーツをすることはますます「善きこと」として、国民の間に根付いていくだろう。もはや、スポーツは気晴らしなどではない。今、私たちは、スポーツをすることやヘルシーであることを強要される時代に生きている。このような状況下で、「アスレジャー」が流行するのは当然のことだろう。世の中全体が「アスレジャー」化しているのだから。世の中が、快適で動きやすい服を求めているのだから。ユニクロ ムーブも含めて、「ライフウェア」の需要は高まる一方だ。女子たちが、ヘルシー志向になり、「ユニクロ通勤」しながら、「ちょっとだけ、丁寧な暮らし」と言い始めた背景にはこのような事情があったのである。

第四章

ユニクロがおしゃれの勝負を終わらせた

かつておしゃれは競うものだった

1980年代の『アンアン』に「おしゃれグランプリ」という名物企画があった。東京、名古屋、大阪、福岡など全国の主要都市で街頭スナップを撮り、誰がいちばんおしゃれかを競うものである。審査員は、当時人気を博していたDCブランドのデザイナーやスタイリストだ。選ばれれば誌面に登場できることもあって、各都市におしゃれ感覚を誇る読者たちが集結した。

記念すべき第1回の「おしゃれグランプリ」が開催されたのは1983年の秋（『アンアン』1983年11月25日号）である。表紙には、「全国縦断おしゃれスナップ特大号　私の街のおしゃれ感覚、ぜったいどこにも負けません。」とある。ここからわかるのは、当時のおしゃれは勝ち負けを競うものであったということだ。AかBか、どっちがおしゃれか勝負するものだったのである。では、実際に「おしゃれグランプリ」では、どんな勝負が繰り広げられたのか。以下は、『アンアン』による各都市の寸評である。

札幌―氷点下になっても意外に薄着の人が多いけど、やはり大胆な重ね着やストール使いが目立つ街。
仙台―表参道のような並木道が縦横に走る杜の都、緑が紅葉するにつれてファッションも変わります。

「おしゃれグランプリ」企画掲載の
『アンアン』1984年11月30日号

東京―ギャルソン風やPH風、ビギ風も、もういない!? 古着や安いもの、手作りをアレンジしての自分流。
横浜―おしゃれした日でも、過激派扱いされなくなった。ハマっ子がハマトラからいよいよ脱皮したらしい。
大阪―さすが大阪は、おしゃれも迫力で勝負です。これでもかこれでもかと頑張ってて、好感がもてます。
名古屋―これが名古屋ファッション

と言えないところが名古屋的？　私は私、とても個性的なファッションが目立ちます。
京都―おしゃれに関しても、古さと新しさが交錯している街。派手さはないけれど、落ち着いた着こなしが上手。
金沢―金沢はブランド大好きお嬢さんの多い街。この通り独自のファッションがある竪町通り。
広島―全身ワンブランドがまだまだ圧倒的。対して古着チープシック派もなかなか健闘中。
福岡―シックなおしゃれを楽しんでいる福岡の女の子達、街に目立つ色は、黒、グレー、紺。

（『アンアン』１９８３年11月25日号）

街ごとにそれぞれの特徴があるものの、全身をワンブランドでまとめるよりも、最新のＤＣブランドと古着を駆使して、個性を表現した方が高く評価されるようだ。１５０人の中から栄えある「第１回グランプリ」に選ばれた福岡代表の19歳の女性もそうである。父親のお古の黒のセーターに母親のパールのネックレスを合わせ、インナーにはBASSOの赤いノースリーブニットとBIGIの白いシャツを合わせている。ボトムスはBIGIの赤いスカートの上にコムサデモードの黒いスカートを重ねるという大胆さが目を引く。両親のお古とDCブランドをミックスしたこれでもかというほどの重ね着ファッションは、80年代前半を代表するに相応しいビッグシルエットだ。

現在ならばヴィンテージショップや古着屋もたくさん存在するが、80年代はまだ古着の価値も低く、ショップも少なかったために、両親の服を着ることも流行していた。お父さんの古いコートを着た「オリーブ少女」も少なくなかったはずである。

ちなみに、準グランプリは、BOSCHのアーミースーツを着こなした広島代表の20歳の販売員であった。他にも誌面には、精一杯のおしゃれをして集う各地区の代表者たちが掲載されている。

それはまさに、おしゃれが自己表現であったという証である。コストやエネルギーをかけて表現すべき個性があると信じられていたのだろう。だからこそ、我こそはと思う兵《つわもの》は、「おしゃれグランプリ」を目指したのだ。

だが、80年代には『アンアン』を代表する人気企画として毎年行われてきた「おしゃれグランプリ」も、94年を最後にもう開催されなくなる。個性を誇ったＤＣブランドが衰退したこと、90年代に入って台頭してきた、ストリートファッションを掲載する雑誌が多数創刊されたことなどが主な理由だが、リアルクローズが主流となっていくにつれて、デザイナーやスタイリストにおしゃれの勝ち負けを判断してもらわなくてもよくなったということだろう。

現在のおしゃれはもう、競うものではない。競うどころか頑張らなくてもよいものになった。機能的で、快適であれば、人と同じものでもかまわない。おいしいパンと一緒である。評判のおいしいパンを自分も買いたいと思うように、評判の快適な服を自分も欲しいと思って何が悪いのだろう。おいしいパンを選ぶように服を選ぶ。あるいは、コンビニで新しいペットボトル飲料を選ぶように服を選ぶ。「オシャレにドキドキ」する必要もない。お腹がすいたからパンを買うように、喉が渇いたからドリンクを選ぶように、肩肘張らずに服を選べばいい。それは服のコモディティ化である。生活必需品としての服。くらしのきほんの服。私たちの周りには「ライフウェア」が常にスタンバイしている。

犬か猫か？　やることがなくなったファッション誌

今でも『アンアン』をファッション誌だと思っているのは、アラフィフから団塊の世代ぐらいではないだろうか。要するに、70年代や80年代の『アンアン』に影響を受けた人たちだ。現在の女子大生に『アンアン』はその昔『ELLE JAPON（エル・ジャポン）』を名乗っており、日本を代表するファッション誌だったと言うと大変驚かれる。それもそのはず、80年代には「おしゃれグランプリ」を筆頭に日本のファッションを牽引していた『アンアン』も、90年代の半ばになると、占いとセックス特集が売りの情報誌へとシフトしていく。

創刊から40年、不惑を迎えた2010年にはなんと「たのしい節約術」（2010年6月16日号）という特集を組むまでになった。「80年代は個性の時代　あなたのよさをどう発見するか？」（1980年1月11日号）、「お洒落なこと、お洒落じゃないこと　アンアン流インとアウト」（1986年6月20日号）というように、かつては個性的なお洒落の権威だったが、現在の『アンアン』に往年の面影は全く見られない。

それは80年代にニュートラをめぐって『アンアン』と対立していた『JJ』も同様である。長年にわたって女子大生のキャンパスファッションをリードし、女子大生雑誌のトップランナーだった『JJ』も、今はまるで別雑誌のようだ。女子大生はもはや雑誌を読んでくれないので、25歳以上にターゲットの年齢を引き上げて巻き返しを図るも、結果は思わしくないようだ。毎月の特集からは、『JJ』の迷走ぶりが見て取れる。インスタグラム関連の特集も増加するなか、2019年3月号の特集に至っては、なんと「犬か、猫か。」である。「JJ史上初めての犬猫大特集、ついに!」とあるが、「史上初めて」で当たり前ではないだろうか。一応、ファッション誌のプライドはあるのか、犬か、猫か、どちらを選ぶかで「服にメーク、好きな男子も全部関係してくる!?」という内容にはなっているが、「超絶可愛い犬猫インスタ　友達の輪」という記事は、ファッションと直接関係がない。

「全国縦断女子大生スナップ」や「春のキャンパスファッション」を掲載し、読者モデルを輩出していた頃はよかった。『JJ』も『アンアン』の「おしゃれグランプリ」と同じく、全国の女子大生にファッションを競わせていたのである。「東西8大学対抗私たちのハマトラ情報」（『ＪＪ』１９８１年４月号　光文社）というように、関東と関西、共学と女子大、あるいは個別の大学対抗でキャンパスファッションは常に勝負されていたのだった。

その勝負結果を特集し、勝者にキャンパスリーダーの称号を与えれば、雑誌は飛ぶように売れた。女子大生はみんなキャンパスリーダーになりたかったからだ。『ＪＪ』のライバル誌『CanCam（キャンキャン）』などはまさに「キャンパスリーダーになりたい」という思いを誌名に込め、創刊されたのである。それほど、女子大生雑誌の先駆者である『ＪＪ』の影響力はすさまじく、『キャンキャン』の他にも『ViVi（ヴィヴィ）』『Ray（レイ）』といった追随誌を生み出し、30年にわたって女子大生と言えば『ＪＪ』の時代を築き上げた。

だが、そんな『ＪＪ』もまた、押し寄せる「ユニクロでよくない？」の波から逃れられない。「彼ができない……を救うヒントは『ユニクロ』にあり!?」（２０１６年８月号）、「超人気スタイリストがこっそり教える、『コスパ最強』コートはユニクロとどれ？」（2

018年12月号）という具合に、誌面をユニクロが侵食していく。

女子大生が独特のブランドファッションを競い、『アンアン』が『ＪＪ』のセンスのなさを嗤《わら》っていたのも、遠い過去となった。今やどちらの雑誌もファッション誌から遠ざかり始めている。そして、『ＪＪ』もついに「犬か、猫か。」である。もう、ファッション誌は本当にコンテンツに困っているのではないだろうか。何を特集していいかわからないのだろう。特に、20代向けファッション誌はやることがないのだと思われる。今までいちばんファッション誌を読んでいた世代がファッション誌に背を向けているのだから。

日本ＡＢＣ協会調べによる「２０１８年上半期雑誌販売部数」でも、40代向けファッション誌『GLOW（グロー）』が1位となる時代である。ベストテンの中に20代前半向け雑誌は一冊も入っていない。アラサー向けの『sweet（スウィート）』が２位にランクインしているぐらいであり、30代、40代向けが中心だ。

それも仕方がない。世の中全体のファッションへの関心の低下に加えて、ＳＮＳというファッション誌にとっての脅威が現れた。ＳＮＳがあるのに、わざわざファッション誌を読む必要など全くないというのが、今の20代の感覚だろう。

よって読者モデルが流行をリードしていた時代も終わりを告げた。『JJ』と言えば、いち早く読者モデルを起用したことで成功したファッション誌でもあるわけだが、読者モデルは、2010年代に入るとブロモ（ブログモデル）に取って代わられ、さらにインスタグラマーへと移り変わった。かつては雑誌に載っている、ということが「セレブ」の証だったが、今はインスタグラムのフォロワー数が多い者こそインフルエンサーだ。「おしゃれ」「ファッションセンス」という抽象的なものを競う時代から、「フォロワー」「いいね」の数という数値化されたものを競う時代に入ったということだろう。

ファッション誌が追求するインスタ映え

こうして、「勝負」の場は、インスタグラムに代表されるSNSへと移行した。「インスタ映え」が新語・流行語大賞に選ばれたのは、2017年の年末のことだが、まさに2017年は「インスタ」に明け暮れた一年だった。

「インスタ」はいつからここまで浸透したのか。「インスタ」が大衆化に至るまでの過程を振り返るに当たっては、まず自撮り文化の普及について触れなければならないだろう。

日本で自撮りが選択肢に加わったのは、一般人が自撮りにためらっている二〇一二年〜二〇一三年に参入してきた有名人の存在が大きい。有名人の多くは見せる・見られる商売であり、自撮りという一種の自己顕示欲と相性がいい。有名人が自分の姿、仕事風景やオフの日を写真で公開するようになると、それをファン目線で眺めるという行為がインスタグラムの楽しみ方に新たに加わった。

ばるぼら「日本のインスタグラム観測記録：2010↓2018」
（久保田晃弘他共訳・編著『インスタグラムと現代視覚文化論』〈BNN新社〉所収）

2012、2013年頃から、モデルやタレントなどがどんどんインスタグラムに参入するようになり、その影響を受けた読者モデルやプロモたちが自撮りを投稿するようになっていった。さらには、彼女たちに憧れた一般の女性たちも、自分がモデルになったかのように自撮りを「インスタ」にアップするようになったのである。スマホの自撮り機能もいっそう進化し、自分の思い通りの顔が簡単に撮れるようになったことも大きいだろう。「SNOW」などの通称「コスメアプリ」と呼ばれる顔の修正（編集）機能もますますバージョンアップし、白く陶器のような肌も、ぱっちりした大きな目も、ほっそりした輪郭も今や一瞬でつくれるようになったのだ。

リアルな本人だけでなく、ネット上のイメージ。今度はそれが「本当の私」として「フォロワー」や「いいね」の数で評価されるようになった。「本当の私」とは、本来そうであるはずの「私」、つまり編集された理想的な自己イメージのこととなったのである。ネット上でどのように見せるか、どのような印象を与え

「インスタのためならここまでやっちゃう♡」
『キャンキャン』2018年2月号

るか、それがすべてとなった。となれば、写真映え、「インスタ映え」する「私」が欲しくなる。

その熱意に押されるように、２０１７年になると、ファッション誌もファッションそっちのけで、「インスタ映え」を追求するようになった。キャンパスリーダーから「エビちゃんＯＬ」まで、「モテファッション」を次々と生み出した『キャンキャン』も、「インスタ映え」一色となった。とりわけ、２０１７年２月号で自撮りがいっそう映える「魔法の自撮りライト」を付録にし、「かわいい写真が撮りたい!!」と身も蓋もなく自撮り宣言してから、『キャンキャン』の「インスタ熱」は止まらなくなったのである。

２０１７年２月　かわいい写真が撮りたい!!（付録・自撮りライト）
２０１７年５月　「自分をもっとよく見せる」方法が知りたい!?
２０１７年６月　キュンキュンする顔になりたい！
２０１７年７月　インスタの女王になりたい!?（付録・自撮りライト）
２０１７年９月　「この夏、かわいい思い出残したい！」

２０１７年11月　この秋、今っぽく〝ゆめ盛り〟してみない？
２０１７年12月　「おしゃれな顔」になる方法♥
２０１８年１月　キュンキュンするもの図鑑♡（付録・自撮りライト）
２０１８年２月　ポーズも！　コーデも！　インスタのためならここまでやっちゃう♡
２０１８年３月　メークで！　ベースで！　体作りで！　キュンキュン美人になりたい♡
２０１８年４月　髪が変わると、世界が変わる♡
２０１８年６月　「眉と前髪」
２０１８年８月　この夏したいこと！×キュンキュン服♥
２０１９年２月　スマホでかわいい動画を撮る方法♥
２０１９年３月　もっともっと、かわいい顔になりたくない？

という具合に毎号のように、自撮りで「インスタの女王」や「キュンキュン美人」になるテクニックを伝授するのに余念がない。逆にここ数年で、ファッションはどうでもよくなったことがわかる。とりわけ、付録の『キャンキャン』特製「魔法の自撮りライト」は、売り切れが続出するほどの大人気となったため、その後もバージョンアップした自撮りライトを繰り返しつけるなど、もはや付録の殿堂・宝島社の雑誌も顔負けの状態となっている。ファッション誌はどこへ行ったのか、ファッション誌としての矜持はないのかという声も聞こえてきそうな「インスタ」至上主義であるが、この雑誌不況の折、そんな綺麗事は言っていられないのだろう。

当然、他のファッション誌も、「インスタ」志向にならざるをえない。かつてのような勢いはないものの、永遠のライバルである『ＪＪ』も、

２０１７年９月　「絵になる私♥」を作る、服と写真。（付録・インスタ物撮りシート）
２０１７年10月　誰かのいいね！　がやっぱり欲しい♥
２０１７年11月　「美人っぽい雰囲気」、どうしたら作れる？
２０１８年８月　人生変わるインフルエンサー！
２０１８年９月　読めば変わる！　河北メイク
２０１８年10月　結論！　小顔で人生上々♥

２０１９年５月　帰ってきた「河北メイク」

というように応戦している。

青文字系の『スウィート』も負けていない。「フォトジェニックな女のコになりたい♥」（２０１７年8月号）、「可愛いだけじゃなくってよ♥」（２０１７年10月号）、「フォトジェニックハロウィン宣言」（２０１７年11月号）、さらに人気モデルの紗栄子やこじはる（小嶋陽菜）を使って「スウィートモデルが『おしゃれ顔』の秘密を教えます！」（２０１８年2月号）、「突然！　美人化計画♥」（２０１９年2月号）と対抗している。「キュンキュン美人」「絵になる私」「フォトジェニックなおしゃれ顔」表現は多

「フォトジェニックな女のコになりたい♥」
『スウィート』2017年8月号

少異なるものの、「カワイイ顔になりたいの♥」（２０１８年8月号）という思いに支えられ、低迷するファッション誌の起死回生手段としての「インスタ」至上主義は、まだしばらくは続きそうである。

インスタで加速する「スタイルのある日常」

もちろん、「インスタ」には自撮りばかりが投稿されているわけではない。むしろ、自らの顔、身体以外のものこそ、「インスタ」によく登場する。それは例えば、食べもの、ペット、風景、部屋など、生活のあらゆる場面の写真である。

インスタグラムに最初に登場し、現在も大多数を占める傾向は、個人による少し凝った構図の日常写真群である。これはどの国でも共通していた。モバイルユーザーが中心であるためにライフログ（ここでは生活や体験を記録するブログの意味）になりやすく、料理にしろ風景にしろペットにしろ、特別なことをしなくても存在する題材を被写体に選ぶのは必然であり、ただそれをそのまま撮影しただけでは芸

がないという意識が、構図を工夫させたと思われる。(ばるぼら、前掲書)

「個人による少し凝った構図の日常写真群」——それが「インスタ」の真骨頂である。それは、決して特別な非日常の写真ではない。何か特別なことがあったから、普段行けないところへ行ったから写真を撮って投稿するというよりも、むしろ日々の「くらし」こそ、「インスタ」に数多く投稿されているものなのだ。

メディア理論家のレフ・マノヴィッチは旅行者との比較によって、インスタグラミスト(インスタに投稿する人)の特徴を次のように説明する。

旅行者が何か特別でエキゾチックなものを探しているとすれば、インスタグラミストは、自身が暮らす街のお気に入りのカフェや好きな場所を訪れること、あるいは良くデザインされたアパートメントや、その良く手入れされた片隅にただ居ることで、慣れ親しんだ日常を楽しむ。遠くに旅行した時の体験を見せるだけではなく、彼女が日常の空間で生きていること自体が、もっとも重要なテーマなのだ! つまりインスタグラムは外側の世界を眺める旅行者というよりも、内側のライフスタイルに関するものである。

レフ・マノヴィッチ「インスタグラムと現代イメージ」
（久保田晃弘他共訳・編著『インスタグラムと現代視覚文化論』〈BNN新社〉所収）

つまり、「インスタ」とは日常を見せるメディアなのである。ライフスタイルを見せるメディアなのである。言い換えるならば、「インスタ」とは、その人がどんな「くらし」をしているのかを見せるのに最適な手段なのだ。その人が毎日何を食べ、誰と会い、どこへ行き、何を買っているのか。どのような部屋で何をして過ごしているのか。今までは、不特定多数どころか友人にさえあまり知られることのなかったことがらが、写真や動画で拡散されていく。食べたものの写真、買ったものの写真、行った場所の写真、その日着ていた服の写真、日常を切り取ったあらゆる写真。それは「日常の空間で生きている」写真なのだ。そこでつくり出されるイメージは、しだいに現実が与える印象よりも強いものになっていくのである。

今まで、現実の世界で服を着ることや化粧をすることで相手に与えていた印象を、「インスタ」を通して、「くらし」を見せることで、いっそう強めることもできるし、逆に現実とは異なる新たなイメージを与えることもできる。こうして、「スタイルのある日常」を「インスタ」で見せることが、いっそう価値を持つようになっていく。

その結果、「スタイルのある日常」は、おしゃれを凌駕するようになった。どんなにおしゃれに気を使っていても、「くらし」がおしゃれでなければ、本当のおしゃれではないと思われるようになった。むしろ、「くらし」がおしゃれな人がおしゃれなのだ。数少ない服で着回すことが評価されたり、シンプルで機能的な「ライフウェア」が席巻する現在、服よりも「スタイルのある日常」の「くらし」こそ、見せるに値するものになったのだ。

こうして、人々はますます見せるに値する「スタイルのある日常」を求めて、「ていねいなくらし」に勤しむことになる。ちなみに、「インスタ」で「#丁寧な暮らし」「#ていねいな暮らし」をそれぞれ検索してみると、「丁寧な暮らし」は110万件、「ていねいな暮らし」は27万5000件ヒットする（2019年7月現在）。人々が、いかに「ていねいなくらし」を「インスタ」に投稿しているかがわかるだろう。

そこで、人気投稿となっているのは、ていねいにつくられた食事、美しく整えられた部屋、選び抜かれたシンプルなうつわなどである。いずれも、じっくりと時間をかけて、日々の生活を味わっていることがわかる写真である。吟味し、厳選された日用品に囲まれて暮らしていることが伝わってくる。要するに、松浦弥太郎が推奨するようなライフスタイルである。それは性別を問わない。むしろ松浦のように、男性もまた「ていねいなくらし」に魅了されているからこそ、ここまでのブームが起きているのだろう。

本当に投稿者が松浦的「ていねいなくらし」を実践しているのかどうかは定かではないが、少なくともそういった印象を与える写真が支持されていることは確かだろう。つまりは「ていねいなくらし」が「インスタ映え」しているということであり、投稿者も「ていねいなくらし」を「インスタ映え」の題材として使っているということである。

このように、「インスタ映え」と「ていねいなくらし」は切っても切り離せない関係にあるのだ。

「くらし」をおしゃれにする時代

1990年代に「おしゃれグランプリ」をやめた『アンアン』は、2010年になって、「おしゃれ部屋グランプリ」（2010年3月31日号）を行っている。もちろん、ファッションからライフスタイルへと流行が移行したのを受けてのことである。応募総数167通からプロが厳選した「センスのいい部屋グランプリ」――そこでは、シンプルですっきりした空間に、アンティーク雑貨やグリーンで味付けした「センスのいい部屋」が評価されている。照明に凝るのも大切なポイントのようだ。もはやセンスは服ではなく、部屋に表れるというわけだ。

その頃から、『アンアン』では「おうちごはん」の特集も頻繁に登場するようになった。それまでも、料理特集は定期的に行われていたが、「美人レシピ」「美女養成レシピ」など、美しさに直結するレシピが中心だった。とりわけ、90年代はそうである。ところが、2010年代に入ると、「美」の冠をつけずに、「おうちごはん」が特集されるようになっていく。つまり、美しくなるために家で食事をつくって食べるのではなく、おうちでごはんを食べることそのものが、目的になってきたのである。それはもちろん、

「ていねいなくらし」の一環であろう。すっきりとした部屋で、ていねいにごはんをつくり、ゆっくりと食べることが重視されるようになってきたのだ。

2010年9月29日号では「はじめての断捨離」という特集も組まれた。「断捨離、節電、〝kawaii〟など2010年代に入っても、世の中の話題を貪欲に追いかける姿勢は変わりません。」2000号を迎えた『アンアン』は断言する（2000！ 特別記念号）。世の中の話題を常に追いかけていたら、いつしか洋服を買うことではなく、洋服を捨てることが流行になっていたのだ。『アンアン』の特集からも、2010年代は、断捨離されたおしゃれ部屋でおうちごはんを食べることが、流行となった時代だと言うことができるだろう。

『アンアン』は、時たまおしゃれ部屋やおうちごはんの特集をする程度だが、同じマガジンハウスから出ている『&プレミアム』などは、毎号「おしゃれ部屋」や「おうちごはん」を特集しており、「ていねいなくらし」の教科書といった様相を呈している。

2017年
1月　贈り物と、絵本。
2月　おやつは、たいせつ。
3月　部屋と心と体を、整える。

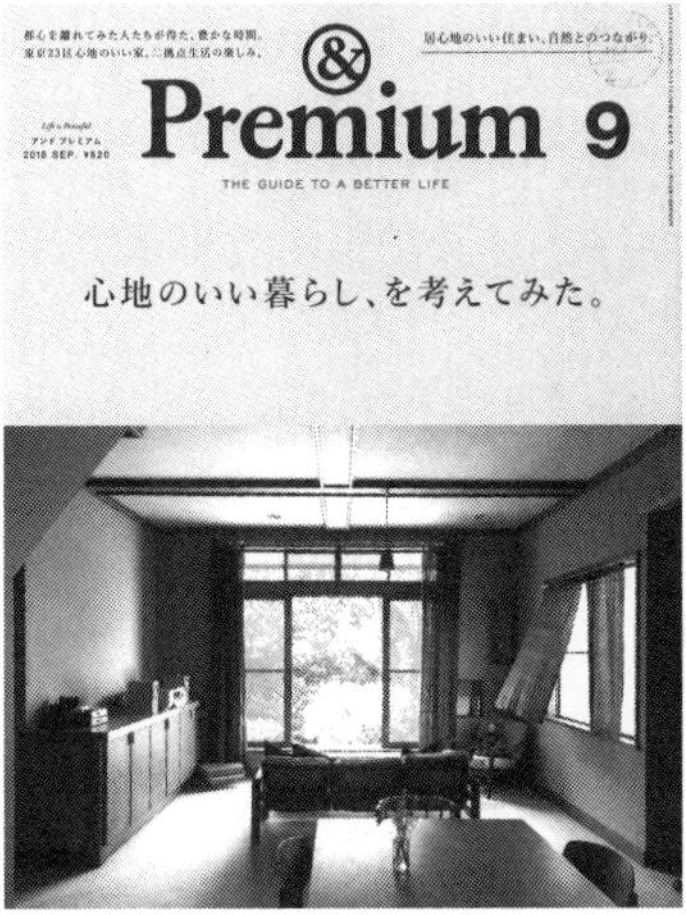

「心地のいい暮らし、を考えてみた。」
『&プレミアム』2018年9月号

4月　学びたい。
5月　つくりのいいもの、のある生活。
6月　心地よい、朝のすごし方。
7月　キッチンと道具。
8月　旅をしたくなる。
9月　猫がいる。
10月　ふだんの食卓、器と料理。
11月　つくりのいいもの、のある生活,17秋冬。

12月　時代を超えて、いいもの。

2018年

1月　心が温まる音楽、とチョコレート。

2月　心を鎮める、美しい聖地へ。

3月　心地のいい部屋に、整える。

4月　お茶の時間にしましょうか。

5月　スタイルを持つ人は、何が違うのか。

6月　花とスヌーピー。

7月　料理好きたちの、キッチンと道具。

8月　ふだんの京都。

9月　心地のいい暮らし、を考えてみた。

10月　素敵な人になるために、どう生きるか。

11月　つくりのいいもの、のある生活'18秋冬。

12月　エレガンス、ということ。

ここからは、『&プレミアム』では2年間にわたって、ほぼ同じことが繰り返されているのがわかる。それは、部屋を整え、花を飾り、音楽や本を楽しんだり、お茶を飲んだりする生活であり、キッチンツールやうつわにこだわり、ゆっくりと時間をかけておうちごはんを楽しむ、心地のいい暮らしである。「部屋と心と体」をきちんと整えることが、「スタイルを持つ人」のライフスタイルなのである。

そこでは、日々の「くらし」を大切にしていることの象徴として、「朝の時間」、とりわけ朝食がクローズアップされている。ていねいに朝ごはんを食べることから始まるていねいなくらし。まさにそれこそが、現在のライフスタイル誌が繰り返し推奨する最新の「ライフスタイル」である。昼食でも夕食でもない。おざなりにされがちな朝食を大切にしているかどうかで、その人の真価は問われる。「ていねいなくらし」は朝食に宿るのである。

だがなぜ、おしゃれなくらしと言えば、判で押したように「ていねいなくらし」なのだろうか。雑誌は違えど、『アンアン』も『&プレミアム』も、『クラッシィ』や『リンネル』も、そこで紹介される部屋のインテリアや、朝ごはんのメニューや、使われる家電やキッチン雑貨やうつわに至るまで、みんな似通っている。すっきりとした無駄のない空間に、シンプルなインテリア、グラノーラやオーガニック野菜中心の朝食、バルミューダのトースター。部屋でセンスを競う「お部屋グランプリ」とは言いながらも、みんなそれほど「個性的」ではない。スタイルのあるくらし、スタイルを持つ人の「スタイル」はなぜ、似通っているのだろうか。

それは、現在が、個性的であることを競うのではなく、「ていねいなくらし」を競う時代だからである。どれぐらい日常を大切にしているか、「ていねいなくらし」を実践しているか。みな、「ていねい」度を競っているのではないだろうか。それは、意識の高さと言い換えることもできる。「素敵な人になるために、どう生きるか。」「スタイルを持つ人は、何が違うのか。」それは、いかに「ていねいなくらし」を実践するかという意識の高さである。

おしゃれで競わなくてもよくなった代わりに、私たちは、「意識の高さ」というますます目に見えないものを今度は競うことになったのだ。

媚びない身体づくりに目覚めた女性たち

目には見えない意識の高さというものを、私たちはどうやって競うのだろうか。何によって、意識の高さを測るのだろうか。ボランティアやチャリティといった社会貢献だろうか。もちろん、それも一つの指標だが、日々のくらしを大切にしていることをもっとわかりやすいかたちで可視化させるには、どうすればいいのか。そんな私たちを夢中にさせるのが、羨望の筋肉ボディである。

モデルの中村アン、朝比奈彩にクロスフィットトレーナーのＡＹＡ。近頃、筋肉を鍛える女子が世間を賑わせている。彼女たちは筋肉女子、腹筋女子などと呼ばれ、ストイックに鍛えあげた身体をメディアで誇示している。腹筋が割れているお腹、引き締まった二の腕や太もも。従来の女らしいカラダとは異なる「ナイスバディ」は人々を魅了してやまない。

比較的若い女性だけではない。筋肉女子はアラフォー世代にも広がりを見せている。

『ヴェリィ』の表紙を飾るカリスマモデル、タキマキこと滝沢眞規子も、10年前から身体を鍛えているらしい。

2018年8月号の『ヴェリィ』ではその成果が公開されている。「鍛えて10年。滝沢眞規子さんの『この体だから着たい服』」そこでは、3児の母・もうすぐ40歳を迎えるタキマキが、オフショルダーの服から覗く肩甲骨や引き締まった二の腕を惜しげもなく披露している。

その「健康的で引き締まった体」は、10年間にわたってボディメイクトレーナーの指導のもと、地道に続けてきたエクササイズの賜物であるらしい。エクササイズを行うことによって、「普通体型の私が少しずつ少しずつ変わっていった」という。ヘルシーな肉付きで媚びない身体へと。ほどよく筋肉のついた羨望のボディへと。

このように、単に細いモデル体型ではなく、グラマラスなボディでもない、鍛えあげた身体を持つ筋肉女子が今、注目されている。ファッション誌的に言えば、筋肉のついたカラダが今いちばんおしゃれだと持てはやされているのだ。なぜ、筋肉は女子を魅了するアクセサリーになったのか。いつから、女子の間で鍛えることが流行しているのだろうか。

第三章でも述べたように、女子たちが、走ることに目覚めたのは、2000年代も後半に入った頃であった。有森裕子や高橋尚子といった走るヒロインの登場でマラソンへの関心はすでに高まっていたが、『フラウ』が、「走る女は美しい」という惹句で、女子たちを焚きつけたことで、いよいよ本格的に一般の女子たちも「走ること」に参入し始めたのだ。

「気になるカラダも人生もきっと変わる！」――女子たちは走り出した。モデルの長谷川理恵などは、いち早く「走ること」を実践し、「美ジョガー」として『フラウ』の誌面を何度も飾っている。『フラウ』2014年6月号の「新・走る女は美しい！」特集では、出産を経ても変わらない、走ることで鍛えられたカラダを披露した。「走るカラダは美しい」という見出しのもと、「肩甲骨がくっきり浮き出た背中」や「しっかりと大地を捉える強さと意志を感じさせる脚」を誇示している。それは、「走ること」の「戦利品として得られる脱げるボディ」であった。

長谷川理恵の活躍もあり、健康的で強さと意志を感じさせる鍛えられたボディは、しだいに女子たちの羨望の的となっていった。ただ細いだけでは健康的ではない。ダイエットやエステや美容医療でつくり上げる人工的なボディは、過去のものになろうとしていた。

現在主流となっているスニーカーを中心とした抜け感のあるファッションに似合うのは、ヘルシーに鍛えられたボディである。もう、ラグジュアリーなブランドバッグやゴージャスなアクセサリーはいらない。それよりも、割れた腹筋や意志を感じさせる脚。筋肉こそ、最高のアクセサリーという時代がやってきたのである。

とはいえ、抜け感、エフォートレスと言いながらも、実はものすごくエフォート（努力）を必要とするのが筋肉女子である。エフォートレスなファッションはもちろん、エフォートレスに見せるために陰で必死に努力しているわけであるが、ボディに至ってはファッションの比ではない。

タキマキも10年かかったと言っているように、筋肉は一日二日の運動で得られるものではない。しかも継続しなければ元に戻ってしまう。まさに筋肉女子は一日にしてならずである。だが、努力すれば必ず報われる、必ず手に入るのが筋肉というアクセサリーなのだ。自分の努力の成果が目に見えてわかること、筋肉というかたちで「可視化」されること、これが筋肉女子の最大のモチベーションであろう。

トレーナーのＡＹＡが、美しい筋肉ボディをキープするために、極めてストイックな生活を送っていることは、「情熱大陸」（ＴＢＳ系）でも紹介されていたが、筋トレはもちろん、食事、睡眠、日常生活のすべてにおいて意識を高く保たなければ筋肉女子にはなれない。

だが逆に、筋肉女子であるということは、意識の高い生活を送っているということを黙っていてもアピールできる。日々のワークアウトをこなし、食事にも気を配り、健康的で「ていねいなくらし」を実践している意識の高い私を演出できるのだ。

さらには、筋肉の持つプラスイメージも付与される。力強い、意志のある、媚びない、潔い――男性のためではなく、自分のためにカラダを磨いている自立した格好いい女性。筋肉女子であることは、媚びないことと同義であり、同性からの受けもいい。

というわけで、女性たちが筋肉女子を目指すようになった背景には、「ていねいなくらし」ブームがあったのだ。おしゃれを誇示する代わりに現代の女性たちが誇示するもの。その一つが、鍛えあげられた身体であり、筋肉である。可視化された筋肉によって、目には見えない意識の高さを競う時代になったということである。媚びない身体に宿る意識の高い私が、今いちばん流行中《ファッショナブル》なのだ。

それは男性も例外ではない。男性もまた、筋肉に夢中だ。2018年は今までにも増して「筋肉」が持てはやされた年だった。NHKの「みんなで筋肉体操」は人気番組となり、そこではかつてフェミ男だった武田真治が見事な筋肉美を披露している。それは従来のマッチョな筋肉ボディとは違い「筋肉というアクセサリー」に類するものだ。

「テレビを見ながら出演者と一緒に5分間の筋トレ。それで引き締まった理想的なボディを手に入れよう！」という番組がなぜこんなにヒットしたのか。「筋肉は裏切らない」というのが、番組の合言葉だが、筋肉は何を裏切らないのだろうか。

それはもちろん日々努力を続ければ、必ず筋肉が応えてくれるということである。毎日必ず筋トレするというストイックな生活を、「ていねいなくらし」を送っている私を、意識の高い私を、「筋肉は決して裏切らない」のである。

第五章

ユニクロ隆盛時代の欲望のかたち

「くらし」の時代に寄り添うユニクロ

第二章から第四章にかけて、ユニクロがなぜ、「正解」の服になったのか、私たちはなぜ、ユニクロを着るようになったのかを見てきた。ここでもう一度、「ユニバレ」が「ユニクロでよくない？」になり、今では「ユニクロがよくない？」とまで言われるようになった理由を整理してみよう。

一つ目の理由は、ユニクロが服ではなく、実は「くらし」を売っているからだった。服を通して、「ていねいなくらし」を売っているからこそ、あらゆる人がユニクロを着るようになったのだ。着る人の価値観に寄り添う、究極の服を目指してつくられた「ライフウェア」は服のかたちをしているが、服であることを超えた服である。「ライフウェア」が提唱する生活をよくする服とは、新たな価値観をつくり、ライフスタイルを示す道具でもある。それは、言うなれば、服のかたちをした「ていねいなくらし」という理念なのだ。だからこそ、私たちは積極的にユニクロに手を伸ばすようになったのである。松浦弥太郎的な「ていねいなくらし」を実践するために、日々の生活をすこやかに回していくためにユニクロは欠かせない。

今や、節約したいものの筆頭に挙げられるファッションだが、ユニクロの服を買うことは単なるファッション消費ではない。なぜなら私たちは、ユニクロの服を買うことで、「ていねいなくらし」というライフスタイルを手に入れているからだ。それは、非難されがちな浪費では決してなく、むしろ推奨されるべき正しい消費である。

だが、ユニクロを選ぶことが「正解」になるためには、「ていねいなくらし」そのものが人々に支持されなければならない。着ることよりも、食べることや暮らすことへの関心が高まっていなければならない。「ユニクロがよくない?」と言われるようになった二つ目の理由は、「くらし」の時代が到来したからであった。みんながおしゃれよりも、「くらし」が好きだと言い始めたからである。

1980年代はもちろん、90年代、2000年代に入っても、人々はおしゃれに精を出し、服を買い続けてきた。風向きが変わったのは、ファストファッションが浸透してからである。ファッションを民主化したと言われるファストファッションだが、いつでも、どこでも、誰でも買える流行服の蔓延は、同時に服への関心も低下させることになった。もう、おしゃれで差異化する時代ではない。誰もがそこそこおしゃれになったのだから。時間もお金もエネルギーもそれほど注がなくてもよいのではないか。

さらに2011年に起こった震災が追い打ちをかけた。ファッションよりも、もっと大切なものがある。日々の「くらし」をていねいに生きることこそ重要なのではないか。こうして、ファッションへのこだわりが、食や雑貨といったライフスタイルへ向けられるようになり、おしゃれをして街へ出かけるよりも、家の中での生活＝「くらし」が注目されるようになった。断捨離されたシンプルな部屋で時間をかけて朝ごはんを食べる「ていねいなくらし」こそ、最もファッショナブルだと思われるようになったのだ。

そのようななかで、80年代や90年代には考えられなかった服を買わないという選択も推奨されるようになった。なるべく少ない服を着回すことが求められ、「毎日同じ服を着るのがおしゃれな時代」とまで言われるようになった。そんな時代だからこそ、ユニクロの「ライフウェア」がいっそう支持される。ベーシックで、シンプルで、組み合わせやすい服装の部品。仕事にも「ユニクロ通勤」すればいいし、毎日のコーディネートもユニクロを中心に着回せばいい。よく考えてみれば、みんな、もともとおしゃれがそんなに好きではなかったのかもしれない。でも、今までは毎日とっかえひっかえ着替えなければならないと思わされていたのだ。おしゃれをしなければならないと思わされていたのである。

だが、おしゃれよりも「くらし」が好きと声を大にして言える時代がやってきた。おしゃれはほどほどにして、「ていねいなくらし」をしたい。余った時間は、ユニクロムーブを着て走ったり、ヨガをしたり、グランピングに行きたい。健康であることが何よりも価値を持ち、おしゃれよりも「くらし」の時代だからこそ、ユニクロが正解となったのである。

そして三つ目、最後の理由は、ユニクロのおかげでおしゃれで勝負しなくてよくなったことである。おしゃれが自己表現だった時代は、みな、おしゃれで勝ち負けを競わなければならなかった。DCブランドが好きか、コンサバ・ブランドが好きかの差はあれ、女子大生もOLも主婦もみんなおしゃれで競い合っていたのだ。海外ブランド全盛期も、シャネルかグッチか、ヴィトンかエルメスか、あるいはそのブランドバッグをいくつ持っているかでお互い勝負していたのである。

だが、現在はおしゃれで競い合わなくてもいい。頑張らなくてもいい。そのせいで、「ユニクロがよくない?」とみんなが言い始めてから、ファッション誌はやることがなくなってしまった。今や、どの雑誌にもユニクロがデイリーブランドとして登場し、みんなが毎日ユニクロをコーディネートに取り入れるようになったからである。機能的で、着心地もよく、デザイン的にも配慮されたユニクロがあれば、服はこれで十分である。結果として、ユニクロがおしゃれで勝負する時代を終わらせたと言うことができる。

一方で、おしゃれで競う代わりに、人々は「インスタ映え」を競うようになった。ファッションセンスなどという抽象的なものは流行らなくなったのである。それよりも現在は、「見える化」された数値が大切なのだ。フォロワー数。いいねの数。それが新たな勝負を決めるのである。人々は、日常を見せるメディアである「インスタ」で、どんな「くらし」をしているか、ライフスタイルを見せるようになった。「くらし」がおしゃれな人が本当のおしゃれと評価されるようになった。「インスタ」で、どれくらい「ていねいなくらし」をしているかを競い合う。おしゃれに代わって「意識の高さ」という目に見えないはずのものを競うようになったのである。

そんな意識の高さを競う人々にとっても、ユニクロは最適なブランドである。ファッションに余計なエネルギーを注がずに、「ていねいなくらし」に邁進できるのだから。

このように、服はほどほどで、「くらし」を大切にしたい今の時代に最も相応しいブランドだからこそ、ユニクロが正解の服になったのである。

すべては「いいね」と「共感」のために

では次に、ユニクロが正解の服となった平成の30年間で服を着ることはどう変わったのかをもう一度考えてみよう。そこからは、現在の消費のあり方、人々の欲望の在処《ありか》が見て取れる。

平成の幕開け、すなわち90年代に入った頃は、まだ人々は服を着ることに個性や差異を求めていた。個性的な服、高級ブランドに代表される価格の高い服、そして著名デザイナーが手掛ける服。そこには何か特別なものがあると信じられていたのだ。それは、デザイナーによるメッセージであったり、ブランドという物語であったりしたが、記号的消費に相応しい付加価値はすべて、人に差をつけるために、まとわれていたと言うことができるだろう。

だが、ユニクロは服にかけられていた魔法を解いた。服は個性ではない。服は服にすぎない。服は服装の部品なのだ。着る人の個性は服によって表現するものではない。むしろ、シンプルな服ほど、着る人の個性が見えてくる。フリースやヒートテックを通して、リアルクローズとはそういうものだとユニクロは教えてくれたのであった。

その結果、服を着ることに、個性や差異を求めることはしだいになくなっていった。個性的な服、見たこともないような服や独創的な服はむしろ敬遠され、シンプルでベーシックで着回しが利きそうな普通の服こそ求められるようになった。もう過剰なデザインの服はいらない。ただ、上質で「つくりのいいもの」であればいい。「つくりのいいもの」であれば、人と同じでもかまわない。カシミヤタートルネックセーターが人と違う必要は全くない。

それは服が差異化の道具ではなく、共感の道具へと変わったことを示している。服を着ることで差異化するのではなく、お互いに共感したい。共感されたい。つながりたい。「インスタ」のハッシュタグでは、「お洒落さんと繋がりたい」（1340万件）、「おしゃれさんと繋がりたい」（1040万件）、「お洒落な人と繋がりたい」（200万件）といったものが圧倒的な支持を集めており（2019年7月現在）、服を中心としたおしゃれによって、つながりが求められていることがわかる。もちろん、お互いに「いいね」とならなければ、おしゃれさんとはつながれない。親近感を持たれ、共感されることが重要になってくる。現在は、SNSのハッシュタグによって、おしゃれにつながりを求める時代なのだ。

スニーカーがここまでブームになった理由の一つも「共感」にあると思われる。数年前に芸能人がウェディングドレスにスニーカーを合わせて挙式したことが話題になったが、その際にもドレスにスニーカーを合わせた写真が「インスタ」に溢れた。スニーカーが「共感」を引き起こしたのだ。ハイヒールではなく、新郎と一緒にスニーカーを履くことによって、結婚式という特別な場においても日常の雰囲気を醸し出したことが、「いいね」と「共感」されたのだ。

スニーカーなら、誰でも履ける。男女や世代を問わず、家族全員で同じものを履くことも可能だ。機能的で快適で、外反母趾になることもなく、たいていのものは価格もそんなに高くない。スニーカーを履くことは、ファッション的にも、ジェンダー的にも、健康的にも、そしてコストパフォーマンス的にも理に適っている。ルブタンのハイヒールを履いていれば、羨望のまなざしとともに後ろ指を指されることがあるかもしれないが、スニーカーを履いていれば、非難されることは決してないだろう。飾らない、頑張りすぎないおしゃれをすることにより、他者からも親近感を持たれ、共感される。私も欲しい、履きたいと思われる。スニーカーは、まさに、つながりを求める時代に相応しいアイテムなのだ。

差異化消費から共感消費へ。特にSNSが台頭してからは、人に差をつけるためではなく、人とつながるための消費が主流となってきている。友だちがいいねと言ったから、私も同じものを買ってみよう。共感できる人が薦めるから私も着てみよう。とりわけ、2000年代に成人になったミレニアル世代（ミレニアルズ）はこの「共感消費」の傾向が強いとされる。

お互いに共感するためのアイテムなのだから、別に所有する必要はない。共感をシェアできればそれでいいのだ。よって、このミレニアル世代は、所有欲もあまりない。一時は好きだった服も、その時期が過ぎればメルカリで売ればいい。もし、好きだったという思い出を記憶しておきたいのならば、デジタルで残せばいいからだ。

逆に、モノで自己表現してきた世代ほど、昔のDCブランドの服やブランドバッグを手放したくないと思うだろう。最近になって、断捨離やミニマリストが「手放せ」と言うから、渋々処分したという人も多いのではないか。個性を表現してきた服や自分を成長させてくれたブランドバッグはそんなに簡単に手放せるものではない。それはある意味、かつての私の分身でもあるからだ。

しかし、服やバッグが個性や自己表現の道具でなければいくらでも手放せるし、所有にこだわる必要もない。賞味期限切れのものを捨てるのと同じことだ。ただ、そこにはモノを通じた共感とつながりがあるだけなのである。

家電と服は等価

共感のためのモノは別に服である必要はない。むしろ服でないモノの方が共感されやすい。「インスタ」で「いいね」がたくさん押されるのも、食べものやくらしに関する雑貨や風景である。とりわけ食に関するモノは最強だ。例えば今、パンほど共感されているものがあるだろうか。スイーツは好みもさまざまであるし、健康的とは言いがたいが、パンならば受け入れられやすい。パンとコーヒーは「ていねいなくらし」の朝ごはんにも欠かせない。そういった理由から、「おいしいパン」はしばしば雑誌で特集され、デパートでは「話題のブランドが初出店」などと銘打って「パンフェス（ティバル）」が開催される。話題のブランドは今や服ではなく、パンなのだ。よって、「パンフェス」は、人気のパン屋さん（ブーランジェリー）が一堂に会する人気イベントとなっている。普段は遠くてなかなか買いに行けないけれど、雑誌や「インスタ」で見たあのパンが手に入るとあって、どこも大盛況だ。

また、普通の食パンの何倍もの価格の高級食パンもブームになっている。「高級生食パン」ブームの先駆けとして有名な「乃が美」の食パンなどは、もともと大阪発祥であるが、今や全国に展開するほどの人気となった。2018年になって、ようやく都内にも店舗ができたようだが、予約しなくては買えない状態が続いているという。2斤で864円（税込み）という価格や並ばないと買えないという希少価値から、手みやげとしての需要も多いらしい。つまり、人々は「おいしいパン」を共有しているのだ。「乃が美」のパンによって、人々がつながるのである。だから、パンが流行している。パンなら誰でも買えるし、誰でも食べられる。高くても1000円以内だ。何よりも、食べることはくらしに欠かせない。

だが、服はどうだろうか。かつての服は共感されにくいモノであった。個性の名のもとに、差異化が行われ、みんなが同じものを欲しがるという状況にはなりにくかった。価格設定も幅が広かった。誰もが買える、誰もが着られる服などありえない、そのように思われていた。しかし、ユニクロはそれを打破したのだ。万人に開かれた服を、共感される服を、「みんなのユニクロ」を生み出したのだ。服は特別なものではない。服もまた、パンを食べるように、着られるべきだ。

平成の30年間でいちばん変わったこと、ユニクロが変えたことは服の特権性をなくしたこと、そして服をライフスタイル、くらしの中に位置づけたことだろう。

だからこそ、「ライフウェア」が誕生したのである。くらしとともにあり、生活をよくする服。駅やコンビニ、家電量販店という日常の空間で、ペットボトル飲料やエアコンと同じように売られてこそ、服の本来の姿なのではないか。「快適に生きようとするすべての人に必要な服」は、生活必需品とともに「くらしのきほん」として売られなければならないのである。

こうして、2012年に東京の新名所となるビックロがオープンすることとなった。服の特権性をなくし、「くらし」の中に位置づけるために、家電量販店のビックカメラとユニクロの共同店舗が実現したのだ。店舗づくりにおいても、「素晴らしいゴチャゴチャ感」をコンセプトにそれぞれを分けることなく、ビックカメラとユニクロの一体感が強調されている。新宿のビックロの入り口には、電光掲示板があり、繰り返し流れるのは次のようなキャッチコピーだ。

ビックロ　家電は進化する。服も、進化する。
それはそれは、素晴らしいゴチャゴチャ感。
世界が、欲しくてたまらない日本が、ここにあります。

ビックロでは服と家電が完全に等価なものとして扱われている。マネキンを介して服と家電を紹介する、コラボレーションを意識したディスプレイが特徴的である。つまり、服も家電も、同じように進化するものであり、同じように世界が欲しくてたまらない日本を象徴するアイテムだというわけだ。

確かに、ユニクロの服も家電もともに「生活をよくする」ものである。日々のくらしを便利に、快適に、心地よいものに変えていくという点で両者に差はない。しかも、現在は家電が服以上にファッショナブルとさえ考えられているのだ。おしゃれなデザイン家電や高級《ラグジュアリー》家電がファッション誌で特集される時代である。

今までの私たちは、服をあまりにも特別なものと考えすぎていたのだろう。つくり手はもちろん、受け手である着る側も。確かに、そのような服もかつては存在した。

ファッションというのは物書きでさえ書けない、言葉にできないものを形にする最先端の表現だと思っています。

（山本耀司『服を作る』中央公論新社）

だが現在は、言葉にできないものを表現するような服はほとんど求められていない。そもそも、わかりやすく言葉にできるものしか求められていない。夢のある服をつくり続けてきたツモリチサトが2019年でブランドを終了するのも、そのような理由からではないだろうか。

加えて、衣食住からなる「くらし」の中で服だけが、特権的な自己表現の手段であるという時代も過去のものになった。服は特別なもの、高価なものゆえに、捨てることもためらわれていたわけだが、特別なものでなくなれば、いくらでも処分できるのだ。使わない家電を処分するように、着ない服を処分する。あるいはリサイクル（再利用）する。それが、服がもうファッションではない時代の服とのつきあい方なのだろう。

村上春樹化する男たち

家電と服が等価になり、特権性をなくしたことは何をもたらしたのか。家電と服が同じ空間で売られることは、人々にどのような影響を与えたのか。それは、一言で言うならばライフスタイルの前景化であった。人々はますます着ることから離れ、食べることや寝ることに時間やコストをかけ、ていねいにくらすことに心血を注ぐようになった。

ファッションからライフスタイルへと人々の関心が移りゆくなかで、女性だけでなく、男性もまた、「くらし」に積極的な姿勢を見せるようになった。むしろ、男性が「くらし」に関心を持ち始めたからこそ、本格的に「くらし」の時代が到来したのではないだろうか。第二章で取り上げた松浦弥太郎はまさにその象徴的存在である。松浦はさまざまなメディアを通して、「ていねいなくらし」ブームを牽引し続けている。だからこそユニクロの「ライフウェア」にお墨付きを与えるという重要な役割を担っているのだ。松浦は男女を問わず支持されているが、仕事と「くらし」をつなげる自己啓発的なビジネス書を多数執筆していることからもわかるように、とりわけ男性が「ていねいなくらし」に参入する際の「お手本」になっていると思われる。

また、第三章では、『カーサ ブルータス』が、震災を契機に建築から「くらし」へと視点を転換したことを述べたが、今や「くらし」＝家の中のことがらは女性領域であるとは言えなくなっている。収納、家電、パン、コーヒー、うつわへのこだわり。意識を高く持ち、毎日をていねいにくらすことは、ジェンダーレスである。男は仕事、女は家事という性別役割分業意識が薄れゆくなかで、男性がむしろ女性以上に「ていねいなくらし」に夢中になっても不思議ではない。

「24時間戦えますか」と謳われた30年前ならば、村上春樹（あるいは村上春樹の小説の中の主人公）だけが、「ていねいなくらし」を実践していたのかもしれない。朝早く起きてランニングをし、音楽を聴きながらスパゲッティを茹で、自分で選んだ下着をタンスの引き出しに並べることに、人生における小さな幸せを感じるという男性は少数派だったはずである。

引出しの中にきちんと折ってくるくる丸められた綺麗なパンツが沢山詰まっているというのは人生における小さくはあるが確固とした幸せのひとつ（略して小確幸）ではないかと思うのだが、これはあるいは僕だけの特殊な考え方かもしれない。

（村上春樹『ランゲルハンス島の午後』光文社）

だが、現在は数多くの男性が、村上春樹的「小確幸」を求めているのではないか。松浦弥太郎ももちろん、アイリッシュリネンのハンカチーフやイームズのスツールに「小確幸」を見いだしている男性の一人だろう。

男性誌『ブルータス』２０１９年4月15日号の特集は「花と花束。」であった。それは、バブル時代のように男性が女性に贈るための花束特集ではない。「いろいろなモノに花を飾ってみる。」ための、花とくらすためのガイドである。ここにも、「人生における小さくはあるが確固とした幸せのひとつ」があるのだろう。「くらし」の時代とは男性もまた「小確幸」を求める時代でもあるのだ。

「正しさ」をまとう時代へ

一方で、服が特権性をなくした「くらし」の時代において、服を着ることには常に正しさが要求されるようになった。倫理的な正しさを求めるエシカル消費もごく当たり前のこととして、認識されるようになりつつある。

企業としてエシカルであるかどうかはともかく、エシカルという理念をいち早く、服のかたちで表し、一般に知らしめたこともまたユニクロの功績の一つであろう。「すべての人に必要な服」から始まり、「生活をよくするための服」「新しい価値観をつくる服」と、ユニクロは常に正しさというものを、服を通して表明してきた。「ライフウェア」はその集大成と言えるだろう。「ライフウェア」によって、現在の私たちに「人はなぜ服を着るのだろう」と問いかけてきたのである。

今、私たちはなぜ服を着るのだろう。なぜ、ユニクロを着るのだろう。それはやはり、個性の表現のためではないだろう。それよりも、機能性や快適さや「くらし」を大切にする服を着ることで、倫理的な正しさを表そうとしているのではないか。虚栄心や見栄のために消費をしているのではないという「正しさ」を表明するために人は服を着るのではないか。

その傾向を受けて、虚栄心の塊と非難されがちなハイブランドもよりいっそう「正しさ」を強調し始めている。ファーフリー宣言はもちろん、政治的な正しさも含めて、「声を上げる」ことで、存在感をアピールし始めたのだ。シャネルの2015年春夏コレクションは、フィナーレを飾ったモデルたちがスローガンの書かれたプラカードを持って行進したことで話題となった。「HISTORY IS HER STORY」「WOMEN'S

RIGHTS ARE MORE THAN ALRIGHT!」「MAKE FASHION NOT WAR」「FREE FREEDOM」というように、ジェンダーからの自由や男女平等、平和を訴える言葉を掲げてモデルたちがデモ行進したのである。

それは、女性の自立を促すファッションを提案したココ・シャネルの精神にも通じるものであったが、俳優エマ・ワトソンの国連本部での演説にちなんだ「HE FOR SHE」をただ一人の男性モデルが掲げるなど、もっと時代に即した反女性差別の姿勢を明確に打ち出していた。

このシャネルの「デモ」から2年後、ディオール初の女性デザイナーに抜擢されたマリア・グラツィア・キウリが、２０１７年春夏のファーストコレクションで発表した一枚のTシャツが、大きな反響を呼んだ。ランウェイに登場したモデルが、「WE SHOULD ALL BE FEMINISTS」というスローガンが書かれた白いTシャツを身につけていたからである。「私たちはみんなフェミニストであるべき」という政治的な言葉を敢えて用いたディオールの姿勢に、ファッション業界の内外ではシャネルの「デモ」以上に、驚きと共感の声が巻き起こった。

俳優のナタリー・ポートマンは女性の人権を訴える世界規模のデモ「ウィメンズ・マーチ」にこのTシャツを着て現れた。シンガーソングライターのリアーナも「ウィメンズ・マーチ」参加後に、ディオールのTシャツを着ている写真をインスタグラムに投稿した。SNSを中心に話題になったディオールTシャツであったが、実際に着ることができたのはセレブだけだったのではないか。なぜなら、そのTシャツには日本円で7万9000円という価格がつけられていたからである。

Tシャツのスローガンはナイジェリア出身の女性作家チママンダ・ンゴズィ・アディーチェのスピーチに由来する。もちろんそこには、「性別の差など窮屈な価値観にとらわれるのをやめて、自由になろう」というメッセージが込められている。なぜ、マリア・グラツィア・キウリは記念すべき初めてのコレクションでこのスローガンを使ったのか。「ファッションには多くの人々への発信力と、軽やかな方法で深遠なテーマに触れる力があります」(『ヴォーグ・ジャパン』2017年2月号)とキウリは述べている。

確かに、このTシャツの影響力はすさまじく、ユニクロの姉妹ブランドであるGUにまで波及した。GUは、2017年秋冬のアイテムとして、ディオールと同じような白いスローガンTシャツを発売したのである。しかもそこには、「YUP, I'M A FEMINIST（はい、私はフェミニストです）」と書かれていた。価格もディオールの7万9000円を意識した790円である。もちろんこれはディオールのスローガンに対する返答なのだろう。「WE SHOULD ALL BE FEMINISTS（私たちはみんなフェミニストであるべき）」「YUP, I'M A FEMINIST（はい、私はフェミニストです）」——その見事な呼応に、マスコミも「7万9000円のディオールと、790円のGUは、同じ夢を見ている」（https://www.huffingtonpost.jp/2017/06/23/gu-dior-slogan-tshirt_n_17266564.html）と書いた。

GUによれば、ディオールへの明確な返答というわけではないが、「ジェンダーレスや、平等に生きようといったメッセージを〝ファッション〟によって表現していく」という世界的なトレンドをGUでも顧客に届けたいという思いでつくったものだという。「スローガンTシャツが表現する世界観の通り、言葉を身にまとって思いっきり、男性であること・女性であることを楽しんでほしいと思います」

このように、シャネル、ディオール、そしてGU。ハイブランドからファストファッションブランドまでが、いずれも、自由、平等、平和といったスローガンを掲げた服を発表するような時代になった。逆に言えば、そうしなければ、新しい服はもう発表できなくなったということではないだろうか。サステナビリティが叫ばれる現在、「流行」というだけで、次から次へとファッションを生み出すことは、それだけでサステナビリティに反する。どこかに、エシカルな要素、「正しさ」を表さなければファッションというものは成り立たなくなったのだ。

それには、フェアトレードやオーガニックはもちろん、動物由来の素材を使わないことや、元の製品よりも次元・使用価値の高いモノを生み出すことを最終的な目的とするアップサイクルなども含まれる。それらを前提としたうえで、はじめてクリエイションが成立するのである。例えば、自然廃棄物を最新のテクノロジーで布地や織物にし、現代に合ったスタイルで新たな商品に生まれ変わらせる、リサイクルしたペットボトルをスニーカーの表面素材として使うといった具合である。

だが、素材でエシカルさを表現するよりももっと直接的なのが、今述べたファッションによるスローガンの表明ではないだろうか。それは、私たちが着ているのは、流行《ファッション》ではなく、「ステートメント」であることを改めて思い起こさせる。私たちは言葉を身にまとっているのだ。かつては言葉にできないものを表現するのが服であったが、現在は、服そのものが言葉とイコールで結ばれている。つまり私たちは、自由、平等、平和といった「正しさ」を身にまとっているのである。だから、服はTシャツという何の新しさもないアイテムでもかまわないのだ。それが現在のくらしの時代における服を着ることの意味であり、答えになったのである。

そもそもおしゃれはお洒落と書くように、洒落、すなわち遊び心の表現でもあった。だが、現在のおしゃれには「洒落」の要素はほとんど見当たらない。常に、エシカルかどうか、倫理的に正しいかどうかを優先しなければならないからだ。遊び心の入る隙間がない。だから、もうおしゃれはほどほどでいい、と言われるのかもしれないが。

平成という時代に私たちはおしゃれからも「洒落」を失ってしまったようだ。現在のおしゃれはもうおしゃれと言わなくてもいいのかもしれない。むしろそれは、「おしゃれ嫌い」と呼ぶべきものではないか。

おわりに

ずっとユニクロが苦手だった。ユニクロを着たら、もうおしまいだと思っていた。何が終わってしまうのかはわからないが、DCブランドで育ち、バブル期のインポートブランドの洗礼を受けて生きてきた私にとって、ユニクロは最も遠い存在のはずだった。だが、いつのまにかユニクロは世の中を席巻していた。気づけば、ユニクロを敬遠していたファッション誌までもが、ユニクロの虜になっている。「ユニクロでよくない？」から「ユニクロがよくない？」へ。やっぱり、ユニクロを着るべきなのだろうか。

私の信念が揺らぎ始めた。インナーだけじゃなく、アウターも今やユニクロがいいらしい。松浦弥太郎や『ヴァンサンカン』までもが推しているのだ。もう、ユニクロは昔のユニクロではない。では、ユニクロはどう変わったのだろうか。

今こそ、ユニクロについて書くべきではないか。仕事としてファッションを研究する